세계를 아는 힘

세계를 아는 힘

지식의 프레임으로
보는
일본의 세계전략

| 테라시마 지쯔로오 지음 |
김항 옮김

창비

네트워크형 시각으로
세계를 포착하는 일의 중요성

『세계를 아는 힘』이 한국어판으로 출간되어 기쁘다. 약 40년 동안 일본 기업의 정보와 경영기획 담당자로서 세계를 돌아다닌 체험에 기반한 시각이나 문제의식이 한국의 독자, 특히 젊은 세대의 독자에게 어떻게 받아들여질지? 나에게는 매우 큰 자극이 될 것이다.

특히 이 책은 '세계를 네트워크형 시각으로 포착하는 일의 중요성'을 시사하고 있다. 그 하나의 실마리가 '대중화권(大中華圈)'이란 개념이다. 이 개념은 중국을 중화인민공화국이란 단위로 파악하는 것이 아니라, 화교권 중국이라 할 만한 홍콩, 싱가포르, 타이완과의 산업 제휴의 지역으로 파악한 것이다.

'냉전의 시대'였던 20년 전까지 사회주의권이라 불린 나라 중에서 중국만이 금융위기나 불황의 파도를 이겨냈고 연평균 20퍼센트 전후의 실질적 성장을 지속해온 것은 왜일까? 이유는 여러가지겠지만 홍콩, 타이완의 자본과 기술을 받아들여 성장의 거름으로 삼았다는 것도 커다란 요인이다. 타이완 해협에 정치적이고 이데올로기적인 벽이 있다는 것은 상식이지만, 2010년 '중국·타이완경제협력협정'(실질적 FTA)을 통해 중국과 타이완의 산업협력을 한층 더 가속화하고 있다. 또 싱가포르가 중국의 성장력을 아세안(ASEAN)에 끌어들이는 기점이 되어 IT나 바이오 연구개발을 수행하는 R&D센터의 역할을 담당하고 있는 것도 틀림없는 사실이다. 즉 중국은 화교권 중국과 네트워크형 제휴를 심화함으로써 성장을 지속하고 있는 것이다.

 냉정하게 관찰해보면 일본과 한국과 타이완 사이의 관계도 네트워크형 상관(相關)으로 성립해 있음을 깨닫지 않을 수 없다. 2011년 3월 동일본 대지진으로 인해 한국, 타이완의 산업계가 다시 확인할 수 있었던 사실은 자신들이 일본의 기술과 소재에 얼마나 의존해 있었는가라는 현실이었다. 굳이 말하자면 동아시아 전체가 기술개발, 생산, 마케팅, 상업에 이르기까지 네트워크형 제휴로 엮여 있다고 해도 과언이 아닌 셈이다.

네트워크형 제휴를 가속화하는 주체는 국경을 넘나드는 기업활동이며, 그것을 지탱하는 기술요소는 'IT혁명'이라 불리는 네트워크 정보기술 혁명이다. 세계는 확실히 네트워크형 상관을 심화하고 있으며, 이 시각을 군건히 하는 것이 현대세계를 이해하는 기본이다. 세계가 네트워크형 상관을 심화하는 일은 '상호의존의 과민성'이라 할 만한 성격을 강화함으로써 하나의 사건이 온 세계에 널리 영향을 미치는 상황이 생겨남을 의미한다. 우리는 상호의존이 심화되는 '빛과 그림자'를 직시하면서 시대와 마주해야 하는 것이다.

생각해보면 내가 처음으로 한국을 방문한 것은 1976년 봄이었으니 36년이 지난 일이다. '제4차 5개년계획'의 현지조사를 위탁받아 젊은 연구자와 함께 서울에서 부산까지 한국 각지의 산업개발 실상을 시찰했다. 삼성, 현대차, 현대조선 등 한국 기업은 아직 젊었고 활기가 넘쳤다. 일본에서는 아직 인식되지 않았던 NICS(신흥공업국)란 용어를 보고서에서 사용하여 한국 산업의 가능성과 한국경제의 잠재 성장력을 강조했던 기억이 난다. 그후 한국은 온 힘을 다해 1997년 금융위기 등을 극복함으로써 한걸음 한걸음 세계에서 그 존재감을 높여왔다고 할 수 있다. 현대, LG, 삼성 등 기업들도 실력을 갖추어 이제 세계를 이끄는 브랜드가 되었다.

틀림없이 한국의 선택이나 한국 기업의 전략이 세계에 미치는 영향도 커졌다. 높은 데에 오를수록 책임은 무거워진다. 시야도 넓혀나가지 않으면 책임있는 판단은 불가능하다. 동아시아의 상호이해와 제휴는 세계경제에서도 매우 중요하다. 그런 책임을 떠안은 한국인들에게 이 책이 참고가 된다면 뜻하지 않은 행복일 것이다.

2012년 8월 토오꾜오 쿠단의 테라시마문고에서

테라시마 지쯔로오

지금 당신이 백수십년 전 일본으로 시간이동을 했다고
상상해보기 바란다. 장소는 토오호꾸(東北)의 한 산천 지
대다.

당신은 그곳에서 생활하는 한 젊은 여성에게 주목한다.
매일 아침 닭이 울기도 전에 일어나 강으로 밭으로 나가
쉴 틈 없이 일하는 여성. "엄청난 노동량이네" 하고 당신은
틀림없이 혀를 내두를 것이다. 그러나 몇개월 몇년 관찰하
다보면 한가지 의문이 머릿속에 떠오를 것이다.

'이 사람, 이 마을에서 나가본 적이 있을까?'

작은 마을 안에서 하루가 시작되고 끝나는 생활. 그것이
불과 백수십년 전까지 일본인의 평균적 생활방식이었다.

특히 여성은 기껏해야 이웃 마을에 돈 벌러 가는 일이 인생 최대의 대이동이었을 것이다. 당시 많은 일본인들에게 '세계'란 걸어서 하루 만에 집으로 돌아올 수 있는 범위, 반경 20킬로미터 정도의 범위였던 셈이다.

이제 백수십년 후의 현대 일본을 보자. 오늘날 한 사람의 인간이 하루 만에 집으로 돌아올 수 있는 범위는 자동차를 이용할 경우 반경 200킬로미터, 항공기를 이용하면 1000킬로미터를 넘어선다. '아시아 하루생활권'이라는 말까지 나올 정도로 우리가 행동할 수 있는 '세계'는 점점 더 넓어지고 있다.

격변한 것은 교통수단만이 아니다. 현대는 사람, 물건, 돈, 기술, 정보가 보더리스(border-less)하게, 즉 '경계 없이' 교류하는 시대다. 라디오에서 TV, 그리고 인터넷까지 여러 미디어가 등장하고 보급되어 정보환경이 극적으로 변화했고, 이에 따라 우리가 인식할 수 있는 '세계'도 한없이 넓어진 듯이 보인다. "나는 앉아서 세계의 모든 일을 알수 있다"고 강변하는 사람이 나와도 이상한 일이 아닐 것이다.

그런데 우리가 '세계를 아는 힘'은 단순하게 교통수단이나 정보환경의 발달과 정비례하는 것일까?

아쉽지만 답은 "아니다"이다.

인간은 결국 시대의 자식이며 환경의 자식이다. 우리의 인식은 우리가 살아온 시대나 환경에 크게 좌우된다. 어떤 의미에서는 거기에 갇혀 있다고 말해도 좋다. 인식할 수 있는 '세계'는 매우 한정적이며, 시대나 환경의 제약으로 인해 인식의 틀이 생겨버리기 때문에 경우에 따라서는 크게 왜곡된 '세계'상(像)만 보게 될 수도 있다. 우리는 그런 숙명을 짊어지고 있는 것이다.

그래서 "세계를 안다"고 말하면서도 실은 편협한 인식 틀로 '세계'를 재단해버리는 일이 생기곤 한다. 틀이 똑같은 한 아무리 단편적인 정보를 모아도 '세계'에 대한 인식은 변하지 않는다. 고정된 세계인식을 갖는 일은 '세계'가 크게 변화하는 상황에서는 매우 위험한 일인 셈이다.

한편에서는 이렇게 정보환경이 발달했음에도 '세계를 아는' 일이 갈수록 어렵다고 느끼는 사람이 늘고 있다. 끝도 없이 망막(茫漠)하게 넓어져만 가는, 게다가 끊임없이 격동하는 '세계'가 손에 쥔 인식틀로는 보이지 않게 되었기 때문이다. 단순히 미디어의 정보를 바라보는 일만으로는 격류에 휩쓸려가기 십상임에 틀림없긴 하다.

지금이야말로 시대나 환경의 제약을 넘어서 '세계를 아

는 힘'을 키워나가는 일이 절실히 요구되는 것 아닐까?

물론 시대나 환경의 제약으로부터 완전히 자유로워질 수는 없다. 그러나 단단하게 굳은 인식틀을 부드럽게 하여 세계인식을 될 수 있는 한 유연하게 넓힘으로써 지금까지의 세계관이나 사고방식의 한계가 어디에서 비롯된 것인지 정확히 다시 파악하는 일은 가능할 것이다. 고명한 선(禪)연구자 스즈끼 다이세쯔(鈴木大拙)가 말했듯이 "밖은 넓고 안은 깊다"는 문제의식을 가지면 문제없다.

과거와 미래를 잇는 중간점의 미묘한 위험 속에 우리는 서 있다. "이제부터 어떻게 할 것인가"라며 미래를 바라볼 때 과거에 너무 얽매여서는 안 되지만, 용기를 내어 과거로 들어가보는 일은 필요하다. 과거로부터 현재로 이어지는 길을 검증함으로써만 미래를 살기 위한 지혜를 얻을 수 있기 때문이다.

하늘에서 새가 세계를 굽어보듯, 우주선에서 지구를 내려다보듯, 세계의 넓이를 인식하는 일이 필요하다. 그런 한편 벌레가 땅바닥을 기어가듯이 스스로의 발을 써서 몸으로 현대사회를 사는 인간의 표정을 느끼는 일, 즉 인간 사회의 깊이를 알고자 노력하는 실천적인 태도도 요청된다. 아마도 '세계를 안다'는 일은 그런 시도의 집적에 다름 아닐 것이다.

나 자신 약 40년에 걸쳐 '세계를 알기 위한' 계속된 시도 속에 살아왔다. 그 속에서 실천해온 일을 두서없이 이야기 해보고자 한다.

시공을 넘는 시각

스스로의 고정관념으로부터 벗어나는 일

전후라는 특수한 시공간:
미국을 통해서만 세계를 바라본 전후 일본인

전후(戰後)를 살아온 일본인 대다수가 몸에 익혀버린, 특수한 세계인식의 틀 혹은 고정관념이 있다. 바로 '미국을 통해서만 세계를 바라본다'는 것이다.

물론 어쩔 수 없는 사정이 있긴 하다. 2차대전에서 연합국에 패배한 후 연합군(사실상 미군)의 점령정책으로 인해 전후의 존립양상이 규정되어버렸기 때문이다. 무엇을 하든 미국에 물어봐야만 국제사회로 복귀할 수 있었으니 말이다.

이런 슬픈 습관은 일본이 쎈프란시스코 강화조약 체결(1952년 4월 28일 발효)로 주권을 회복한 후에도 짙은 그림자를 남기게 된다. 유럽이나 아시아를 바라볼 때도 그 나라나 지역을 직접 보는 것이 아니라 미국이라는 필터를 통해 바라보는, 기묘한 세계인식의 틀이 형성되어버린 것이다.

우리는 평소에 "시대가 발전해가면 사물을 바라보는 방식도 더욱 넓어지고 진화한다"고 막연하게 믿는다. 그러나 전후 일본인의 세계인식은 오히려 미국이라는 존재의 영향을 받아 아주 한정적이고 융통성 없는 것으로 변용되었다. 바꿔 말하면, 전후라는 특수한 시공간에 갇혀버림으로써 패전 전에조차 보였던 것이 보이지 않게 된 것이다.

이런 세계인식을 바꾸기 위해서는 미국이라는 프리즘에 의존하는 일 없이 세계를 직시하는 일이 중요하다. 전후라는 한정적인 시공을 넘어 시각을 넓히는 일, 여기서부터 이야기를 시작해보자.

1. 러시아라는 시각

1705년 러시아의 일본어학교

나는 일 때문에 지금까지 수많은 나라와 지역을 방문하여 직접 보고 듣고 체험해왔다. 방문한 나라에서 일본과의 향후 양국관계에 대한 강연을 의뢰받은 일도 많다. 그런 기회를 통해 점차 나 자신의 세계관이 전후라는 시대에 의해 규정되었다는 사실을 알게 되었다.

'역시 나도 전후의 자식인 거야. 미국적 세계인식에 이렇게나 영향을 받고 있다니' 하고 놀라는 순간이 있는 것이다.

2007년 9월 말에 러시아의 쌍뜨뻬쩨르부르그 대학에서 '21세기의 러일관계'라는 강연을 했을 때가 그랬다.

강연에 앞서 이 대학 동양연구학부의 빅터 루빈 일본어학과장에게 자료를 받아 훑어봤을 때의 일이다. 이 대학 일본어학과의 모체인 일본어학교가 설립된 해가 1705년이라고 쓰여 있었다. "아니, 1705년?" 놀라서 거의 넘어질 뻔했다.

도시 건설 따위는 무리라고 생각되었던 네바강 하구 삼각지대에, 뾰뜨르대제(Pyotr I, 1672~1725)가 '유럽의 창구'로서 쌍뜨뻬쩨르부르그 건설을 시작한 것이 1703년이다. 쌍뜨뻬쩨르부르그는 '성 베드로=뾰뜨르의 도시'라는 뜻. 로마노프 왕조의 유럽에 대한 뜨거운 마음이 응축된 도시로서 건설이 시작되었고, 1722년에 완성된 이후에는 러시아혁명으로 소련이 탄생하여 모스끄바로 수도를 옮겨간 1918년까지 200년 동안 러시아제국의 수도로서 군림한 도시다. 즉 로마노프 왕조의 꿈을 실현하는 대도시로서 건설된 것이 쌍뜨뻬쩨르부르그였던 것이다.

그 도시에, 더군다나 건설을 시작한 지 겨우 2년 뒤에 일본어학교가 생겼다니! 게다가 루빈 일본어학과장의 설명에 의하면 뽀뜨르대제가 직접 명령해 설립되었다고 하지 않는가. 일본사로 보면 아꼬오로오시(赤穗浪士)가 키라(吉良義央) 저택에 난입할 무렵(1702)의 일이다.* 두말할 나위 없이, 당시 일본은 쇄국체제였다. 내 머릿속에는 "왜"라는 말이 맴돌았다.

원래 전후 일본인은 「태평의 잠을 깨는 조오끼센** 겨우 네 잔으로 밤에도 잠 못 이루고」라는 노래에서 알 수 있

---

* 에도시대 중기인 1701년 4월 21일, 에도성 복도에서 아꼬오번(赤穗藩) 번주 아사노 나가노리(淺野長矩)가 막부 고위관료 키라 요시나까(吉良義央)를 칼로 공격하여 상처 입힌 사건이 발생한다. 키라가 '촌놈' 아사노를 조롱했기 때문에 벌어진 일이었다. 이 사건으로 가해자가 된 아사노는 할복을 명받아 자결했고 키라는 아무런 처벌을 받지 않았다. 이 결과에 불복한 아꼬오번 신하들이 1703년 1월 30일 키라의 저택에 난입하여 키라 요시나까를 살해했다. 이 신하들을 아꼬오로오시라 부른다. 이 일련의 사건에서부터 아꼬오로오시의 할복까지를 다룬 서사가 유명한 「추우신구라(忠臣藏)」로, 다양한 장르에서 현재까지도 상연된다 ─ 옮긴이. (이하 각주는 모두 옮긴이 주임)

** 조오끼센(上喜撰)은 차(茶)의 일종으로 일본어로는 '증기선'과 발음이 같다.

22

듯이 일본의 개국이 페리(Matthew C. Perry) 제독의 우라가(浦賀) 내항(1853)으로부터 시작됐다고 생각한다. 그보다 150년이나 전에 러시아의, 그것도 '서쪽 출구'에 일본어학교가 설립되어 있었다는 사실 따위는 생각지도 못했던 것이다.

도대체 왜 이렇게 이른 시기에 러시아에 일본어학교가 설립된 것일까? 그리고 뾰뜨르대제는 무엇을 목적으로 했던 것일까?

일본어학교 개설로 이어지는 이야기는 '우사까 나라의 덴베에'(오오사까 출신의 덴베에)라는 선원(전당포를 운영하던 상인이라는 설도 있다)이 17세기 말에 표류하여 깜차뜨까반도에 당도한 일로부터 시작한다. 덴베에(傳兵衛)는 기록에 남아 있는 최초의 일본인 표류민이라고 일컬어지는 인물이다.

에도시대 표류민이라고 하면 어떤 인물을 떠올리게 될까? 미국 서해안에 표착하여 돈에 팔리기도 한 '닛뽄 온끼찌(音吉)'의 기구한 운명이 우선 떠오른다. 그리고 태평양의 무인도인 토리시마(鳥島)에 표착해 미국 포경선에 구조된 뒤, 미국에서의 경험을 인정받아 막부 말기에 막부 직계 참모인 하따모또(旗本)에 오르고, 메이지 시기에는 카이세

이학교(開成學校, 현 토오꾜오대학) 교수가 된 '존 만지로오(ゾョン万次郎)'가 있다. 그러나 그들은 빙산의 일각에 지나지 않는다. 에도시대에 조난당해 다른 나라에 표착한 일본인 표류민은 사실 수백, 수천명에 이른다고 알려져 있다.

일본 동쪽 태평양 해상에서 북쪽으로 올라가면 닿는 곳이 깜차뜨까다. 그 기록상의 제1호가 바로 덴베에였다.

깜차뜨까에 표착한 덴베에는 그곳을 탐험 중이던 까자끄 대장 블라지미르 아도라소프에게 발견되어 1701년에 모스끄바를 거쳐 쌍뜨뻬쩨르부르그로 이송된다. 아마도 일본인 최초의 유라시아대륙 횡단여행이었을 것이다. 물론 우아함과는 거리가 먼 여행이었음에 틀림없다. 덴베에는 뾰뜨르대제를 알현하고 군인들에게 일본어를 강습하도록 명령받는다.

뾰뜨르대제가 일본어 강습을 명령한 것은 덴베에뿐만이 아니었다. 러시아 측 자료에 따르면, 그후에도 9명의 일본인 표류민이 쌍뜨뻬쩨르부르그로 이송되어 1754년에 일본어학교가 이르꾸쯔끄로 이전할 때까지 쌍뜨뻬쩨르부르그의 일본어학교에서 일본어를 가르쳤고, 이들 모두 러시아에 묻혔다고 기록되어 있다.

뾰뜨르대제는 '대러시아주의'라 할 만한 '유라시아 국

가' 건설에 매진한 인물이다. 극동 진출에도 커다란 야심을 갖고 있었기에 일본어 습득에 이토록 열을 쏟았던 것이다.

루빈 일본어학과장의 설명을 듣고 나서, 나는 페리의 흑선(黑船) 내항보다 150년이나 앞서서 일찍 싹을 틔웠던 로마노프 왕조의 극동지배에 대한 야망을 마음속에 새겼다.

참고로 쌍뜨뻬쩨르부르그의 일본어학교를 계승한 이르꾸쯔끄의 일본어 교육은 1754년부터 1816년까지 계속된 뒤 일시 중단되었다가, 1870년부터 쌍뜨뻬쩨르부르그 제국대학에서 다시 시작되어 오늘날에 이르고 있다. 미일관계보다 훨씬 긴 300년이 넘는 역사를 갖고 있는 셈이다.

1792년, 최초의 방일 사절

에도시대에 러시아로 표류한 일본인이라면 다이꼬꾸야 코오다유우(大黒屋光太夫)라는 운송선 선장이 있다. 그는 소설이나 영화의 소재가 되기도 해서 잘 알려져 있다.

코오다유우는 1782년 키슈우(紀州)에서 번미(藩米)를 싣고 에도로 향하던 중 스루가(駿河) 해안에서 조난당해 알류샨열도 암치뜨까 섬에 표착했다. 코오다유우와 그의 선원들은 이 땅에서 5년 정도 생활하면서 현지인들에게 러시아어를 배운 후 배를 만들어 이르꾸쯔끄로 향했다(당시 일본어 교육의 거점은 이르꾸쯔끄로 옮겨져 있었다). 거기서 핀란드 출신 박물학자 키릴 락스만과 그의 아들인 러시아제국 군인 아담 락스만을 만난 일은 행운이었다. 아버지 락스만이 예전부터 일본에 관심을 갖고 있어서 여러모로 편의를 봐줬기 때문이다. 1791년 코오다유우는 락스만 부자의 극진한 노력에 힘입어 여제(女帝) 예까쩨리나 2세를 알현하고 송환을 허락받게 된다.

우여곡절 끝에 잘 마무리되었다고 해야겠지만, 이 일화에는 뒷이야기가 있다.

이번이 일본과 통상관계를 맺을 기회다 싶었는지, 여제가 코오다유우 일행의 송환을 담당하던 아담 락스만을 일본 파견사로 임명한 것이다. 이리하여 1792년 락스만 일행은 여제의 친서를 갖고 네무로(根室)에 내항한다. 러시아 최초의 일본 파견사절이다. 그러나 로오주우(老中)* 마쯔다이라 사다노부(松平定信) 등은 표류민만 받아들이고, 친서는 거부했다. 결국 하꼬다떼(箱館)로 장소를 옮겨 시도한 막부 파견 '선유사(宣諭使, 교섭사)'와의 교섭은 실패

● 에도시대 막부 및 번의 고위관료. 쇼오군이나 다이묘오에 직속하여 정치를 관장했다.

로 끝난다. 단, 이때 일본 측의 대응은 매우 신중했다. 표류민 보호에 감사하다는 뜻으로 '대맥, 보리, 메밀, 사슴고기 등'을 선물로 보내 예까쩨리나 2세가 매우 기뻐했다고 전해진다.

한편 코오다유우는 교양이 꽤 풍부했던 것으로 보인다. 마쯔다이라 사다노부 앞에서 열린 해외견문 최초 조사가 『표민어람지기(漂民御覽之記)』로 정리되어, 그후의 난학(蘭學) 발전에 크게 기여했다고 한다. 『표민어람지기』는 『해체신서(解體新書)』로 유명한 스기따 겐바꾸(杉田玄白)와 마에노 료오따꾸(前野良澤)의 친구인, 의사이자 난학자인 카쯔라가와 호슈우(桂川甫周)가 정리했다. 막부가 러시아의 존재를 강하게 의식하게 된 것은 이 사건 이후라고 해도 좋을 것이다.

처음으로 세계를 일주한 일본인

다음으로 러시아 황제를 알현한 일본인 역시 표류민이었다.

락스만이 최초의 일본 파견사절로 방일한 이듬해인 1793년, 이시노마끼(石卷)의 천석선(千石船) '와까미야마루(若宮丸)'(선원 16명)가 번미를 싣고 에도로 가던 도중 조난하여 알류샨열도에 표착한다. 이때도 선장인 쯔다유우(津太夫)와 그 일행은 러시아인에 의해 구조된 뒤 시베리아를 횡단하여 이르꾸쯔끄로 향했다. 일행은 이르꾸쯔끄에서 7년간 생활했고, 그중 귀국을 원하는 쯔다유우 등 4명이 황제를 알현해 귀국을 허락받기 위해 쌍뜨뻬쩨르부르그로 향했다(16명 중 6명은 병사, 6명은 귀화). 그리고 1803년 알렉산드르 1세를 알현하고 귀국을 허락받는다.

그런데, 그렇다고 쉽게 귀국할 수는 없었다. 알렉산드르 1세와 러시아제국의 외교관 니꼴라이 레자노프가 락스만이 달성하지 못한 일본과의 통상관계 수립에 강한 의욕을 보였기 때문이다. 게다가 그것을 러시아 최초의 세계일주 항해(1803~4)의 일환으로 이루고자 했으니 장대한 구상이었던 셈이다.

이렇게 해서 레자노프는 알렉산드르 1세의 친서를 지니고 쌍뜨뻬쩨르부르그를 출발, 대서양을 횡단하여 남아메리카대륙 남단의 혼곶을 지나 태평양으로 들어서서 하와이, 깜차뜨까를 거쳐 나가사끼에 내항하게 된다. 말 그대로 세계일주 여행이었다. 이 여행에 쯔다유우를 포함한 4명이 동행했던 것이다. 일본인 최초의 세계일주는 200년 이상 전에 이미 달성되었던 셈이다.

이때의 레자노프 내항의 '흔적'은 지금도 나가사끼에 남아 있다. 예전에 나가사끼를 방문했을 때 일이다. 비석에 "우리나라 최초의 기구(氣球) 부양의 땅"이라고 새겨져 있었다. 궁금해서 조사해보니, 1805년 러시아 사절 레자노프를 수행한 해군 의사 란그스돌프라는 인물이 와시(和紙, 일본의 전통종이)로 기구를 만들어 띄웠다고 한다.

나는 순간 아, 하고 무릎을 쳤다. 예전에 읽은 와까미야 마루 선원에 관한 책에서 보았던 황제 알현 장면과 표류민 4명이 쌍뜨뻬쩨르부르그의 바실리옙스끼 섬에서 황제와 함께 빠리에서 온 기구사가 펼치는 기구 부양 쇼를 봤다는 구절이 생각났기 때문이다.

나가사끼에서의 '기구 부양'은 그로부터 2년 후의 일이었다. 이번에는 일본의 표류민들을 귀환시키러 온 러시아인이 스스로 기구를 만들어 일본인을 놀래주자고 생각했던 것이리라. "우리에게는 이런 기술력이 있다"고 말이다.

막부, 북방의 위협에 눈뜨다

200년 전에 세계를 일주했다고 들으면 부러워할 사람도 있을지 모르겠다. 그러나 쇄국시대에 12년 동안이나 해외에서 힘들게 생활했으니 "이제 고향 이시노마끼로 돌아가

시오"라고 쉽게 일이 굴러가지는 않았다. 몇해 전 다이꼬꾸야 코오다유우 사건까지 있었으니 말이다.

러시아란 도대체 어떤 나라고, 어떤 생각을 갖고 있는 것일까?

코오다유우의 보고로 위기감을 느끼고 있던 터라 쯔다유우 일행에 대한 막부의 취조는 가혹했다. 4명은 에도에 송치된 후 센다이(仙台) 번저(藩邸)에 감금되어 40일 동안 '취조'를 받았다.

취조에는 스기따 겐바꾸와 마에노 료오따꾸의 제자로 당대를 대표하던 난학자 오오쯔끼 겐따꾸(大槻玄澤)가 나섰고, 그 내용은 오오쯔끼에 의해 『환해이문(環海異聞)』이라는 책으로 정리되었다.

그런데 이 책에는 오오쯔끼의 짜증과 답답함만이 담겨있다고 해도 틀리지 않다. 왜냐하면 네 사람 모두 다이꼬꾸야 코오다유우(오오쯔끼와도 친분이 있었다)와 달리 지성이 결여되어 자신이 보고 듣고 경험한 일을 정확하게 묘사하지 못했기 때문이다. 아마도 뭐가 뭔지 모른 채 압도당하기만 했던 12년이었으리라.

아무튼 락스만에 이어 레자노프라는 사절을 러시아는 또다시 파견해온 셈이었다. 만족스럽지 못한 취조였지만 북으로부터 러시아의 위협이 다가오고 있음을 막부는 어쩔 수 없이 통감했음에 틀림없다. 페리의 흑선 내항보다 50년이나 앞선 이야기다.

이런 사실을 알면 "일본의 근대는 흑선 내항으로 시작되었다"는 전후적 사고방식이 얼마나 편향된 것인지를 알게 되는 것 아닐까?

실제로 레자노프 내항 이래 막부는 명백히 러시아를 의식하게 된다. 기구 부양이 내항 이듬해인 1805년에 이루어진 데서도 짐작할 수 있듯이 레자노프 일행은 장기간 기다리며 통상관계 수립을 요구하다 거부당하고 귀국을 강요받게 된다. 당시의 로오주우는 도이 토시아쯔(土井利厚)로 바뀌어 있었고, 막부는 러시아가 분노하여 무력행사를 해오면 대항하면 된다고 판단한 듯하다. 그러나 그러기 위해서는 에조(蝦夷) 땅(현 홋까이도오)을 무방비 상태로 놔둘 수는 없었다.

홋까이도오와 극동러시아는 닮은꼴

레자노프 일행의 통상 요구를 일언지하에 거절한 막부는 발빠르게 대비에 나섰다. 우선 1806년에 하꼬다떼의 마쯔마에(松前)번과 혼슈우(本州)의 쯔가루(津輕)번, 난부(南

部)번에 에조 땅 경호를 명했다. 그리고 1807년에는 에조 땅 전역을 막부의 직할로 삼았다(마쯔마에번은 무쯔陸奧국으로 이봉移封됐다가 1821년에 복귀). 그러고 나서 센다이, 아끼따(秋田), 아이즈(會津) 등의 번에서 4000명에 달하는 군대를 동원하여 에또로후(択捉)와 카라후또(樺太) 방어를 명했다.

실제로 1806~1807년에는 러시아 선박이 카라후또, 에또로후, 리시리(利尻) 등에 내항하여 일본 측 주둔소를 습격하는 일이 빈발하여 사태가 급박하게 돌아가고 있었다. 말하자면 국력을 동원하여 에조 땅을 지킬 필요가 있음을 막부가 깨달은 것이다.

이리하여 사무라이들이 속속 홋까이도오로 건너가게 된다. 홋까이도오의 역사가 본격적으로 시작되는 것은 이 무렵부터인 셈이다.

한편 러시아도 19세기 중반에 접어들면서 본격적인 극동지배에 나서게 된다. 그 상징적인 사건이 1860년부터 시작된 블라지보스또끄 건설이다.

블라지보스또끄는 "동쪽을 정복하라, 지배하라"는 뜻의 러시아어다. 노골적인 야망의 표현인 셈이다. 본디 청 지배하 만주에 속해 있던 이 도시는 청과 베이징조약을 체결한 러시아가 우수리강 동안(東岸)을 손에 넣음으로써 극동 진출의 거점으로 자리매김한 곳이다.

블라지보스또끄를 건설할 즈음 일본 측 움직임도 분주해진다. 우선 1855년에 러일화친조약을 체결하고, 1858년에는 하꼬다떼에 초대 러시아영사가 부임한다. 그리고 1859년에는 미일수호통상조약에 의해 하꼬다떼항을 국제무역항으로 개항했다.

즉, 일본이 하꼬다떼를 개항한 이듬해에 러시아가 블라지보스또끄 건설에 착수한 셈이다. 이후 일본은 블라지보스또끄 건설을 견제하면서 하꼬다떼를 기점으로 에조 땅 개발에 박차를 가해 메이지시대에 들어서서도 홋까이도오 개척이라는 방식으로 북방 방어를 강화해나가게 된다.

러시아가 극동에 진출하면, 일본도 홋까이도오에 진출한다. 이렇듯 극동러시아와 홋까이도오는 닮은꼴이라고 할 정도로 매우 닮은 진로로 개발이 이루어졌다.

한가지 예를 들면, 홋까이도오(1869년에 에조에서 개명됨)의 개척이 톤덴헤이(屯田兵)라는 일종의 이민정책으로 추진된 것은 잘 알려져 있다. 극동러시아 또한 농업이민에 의해 인공적으로 개발되었다. 양쪽 모두 사람이 전혀 살지 않던 곳을 개척한 것이니 그것 외에 방법이 없었던 것이다. 러시아의 경우 '파견 본고장'은 우끄라이나다. 우끄라이나 주민들을 흑해와 끼예프 남쪽의 오데사에서 배에 태워 인도양을 경유해 해로를 통해 보낸 것이다. 그 수가 19세기에만 5만 9000명에 달한다고 한다.

홋까이도오 개척 구도와 꼭 닮은꼴임을 알 수 있다. 그래서 나는 나의 고향인 홋까이도오와 극동러시아가 '역사적 쌍생아'라고 주장하는 것이다.

블라지보스또끄에서 본 한장의 풍경화

이야기가 다소 옆길로 샐지 모르지만, 우끄라이나와 극동러시아의 관계에 대해 잠시 살펴보자. 오늘날 극동러시아 연해주 3주에 사는 약 600만의 러시아인 중 절반 정도는 고향이 우끄라이나라는 사실을 여러분은 알고 있는가?

왜 그렇게 되었을까? 원인은 농업이민만이 아니었다. 이에 더해 두가지 역사적 비극이 우끄라이나 민중들을 극동러시아로 내몰았다.

그중 하나가 1917년에 일어난 러시아혁명이다. 독립의식이 아주 강했던 우끄라이나 지역은 혁명 러시아에 반기를 들었고, 그로 인해 많은 이들이 시베리아로 강제 이송당했다.

참고로 '백계(白系) 러시아'라는 말이 있는데, 이는 '피부색이 하얀 러시아인'이라는 의미가 아니다. 어릴 적 홋까이도오 소학교 시절을 생각하면, 인형같이 하얀 피부의 아이가 한학년에 한명 정도는 있었다. 당시 아이들은 잘 모르니까 피부가 희면 백계 러시아라고 생각하여 "야, 백계 러시아" 하고 놀려댔는데, 얼토당토않은 말이었던 것이다. '백계 러시아'의 백(白)은 공산주의 적(赤)에 대한 백, 즉 혁명에 반대하는 왕당계를 의미하는 말이다. 그런 사람들이 우끄라이나에는 많았고, 이들이 극동에 이송된 결과 홋까이도오 주민들에게도 '백계 러시아인'이 익숙한 존재가 된 것이다.

또 하나의 역사적 비극은 2차대전 중에 일어났다. 히틀러가 소련을 침공하여 레닌그라드 공방전이 벌어졌을 때 일이다. 독립심이 강한 우끄라이나는 그 기회에 히틀러와 손을 잡고 모스끄바에 거역하여 독립하려고 했다. 물론 결과는 실패로 돌아갔고, 또다시 엄청난 수의 민중들이 본보기로서 시베리아 강제 이송이라는 징벌을 받게 되었다. 결국 농업이민, 러시아혁명, 히틀러의 소련 침공을 계기로 하여 시베리아 이송이 누적되어 극동러시아에 우끄라이나 출신이 많아진 것이다.

그래서 이 지역 사람들은 자신의 뿌리인 우끄라이나에 대한 망향의 그리움이 매우 강하다. 블라지보스또끄의 극동공과대학에서 강연했을 때 일이다. 시립미술관에서 열린 환영회 자리에서 내가 "극동러시아에는 우끄라이나계 사람들이 많다"고 하자, "당신은 일본인인데 그런 것까지 잘 아네요"라고 하면서 주최자가 나를 입구 쪽으로 데리고 가 그림을 하나 보여주었다. 「우끄라이나의 추억」이라는 매우 큰 그림이었는데, 아름다운 우끄라이나 풍경을 그린 것이었다. 그 그림을 보며 나는 "유대인이 가나안의 땅으로 돌아가고 싶어하는 것과 똑같은 잠재적 욕망을 극동러시아에 사는 우끄라이나 출신 사람들도 갖고 있구나"라고 이해했다.

여담이지만 일본인이 잘 알고 있는 백계 러시아인 하면 전쟁 전부터 활약한 야구선수 스타르힌, 그리고 위대한 요꼬즈나(橫綱) 타이호오(大鵬)*의 아버지가 떠오른다. 토오꾜오의 우끄라이나 대사관에 가면 대사 방에 지금도 타이호오의 등신대 사진이 걸려 있다.

---

* 요꼬즈나는 스모 선수 중 가장 높은 랭킹을 가리키는데, 타이호오는 1960년대 일본에서 가장 인기가 좋았던 요코즈나였다.

자, 러일관계 역사로 이야기를 되돌려보자.

지금까지 살펴봤듯이 로마노프 왕조의 극동에 대한 야심은 페리 흑선 내항보다 150년이나 앞서 싹텄고, 그것이 서서히 고조되어 블라지보스또끄 건설과 이에 수반된 극동 진출로 전개되었다. 흥미로운 것은 러시아의 극동 진출에 호응하는 형태로 '역사적 쌍생아'같이 홋까이도오라는 섬도 형성되어갔다는 사실이다. 러일관계는 미일관계보다 역사적으로 깊고 긴 연관을 지니고 있는 것이다.

전후적인 '미국을 통한 세계'상을 고집해서는 이런 역사적 사실조차 간과하게 된다. 그 결과 과거와의 연속성 위에 성립하는 현재에 대한 인식도 수상해진다. 거꾸로 말하자면, '어?'라고 생각한 사실과 만났을 때 고정관념에 집착하는 일 없이 허심탄회하게 마음을 열고 시공을 넘어 시야를 넓히면 반드시 '세계'는 다르게 보일 것이다.

2. 유라시아와의 오랜 인연

역사 시간의 체내 축적

망원경으로 보면 멀리 있는 인물이 가깝게 보인다. 마찬가지로 먼 옛날 인물이라도, 예를 들어 대하드라마처럼 스포트라이트를 비추면 마치 현대인인 양 가까운 존재로 보이기도 한다. 그래서 우리는 역사드라마에 빠지는 것이지만 여기에는 한가지 착오가 있다.

즉, 원래 '원경(遠景)'이어야 할 것이 '근경(近景)'으로 보이는 착오다. 역사 시간에서는 원경이 압축되어 보이는 것이다.

예를 들어 일본인이 좋아하는 전국시대 무장을 대표하는 인물 타께다 신겐(武田信玄)을 생각해보자. 지금으로부터 약 4백수십년 전 사람이다. 우리 감각으로는 '먼 옛날 사람'일 것이다. 신겐 하면 누구나 떠올리는 것이 '후린까잔(風林火山)'이라는 깃발이다. "민첩함은 바람같이, 고요함은 숲같이, 침략함은 불같이, 부동함은 산같이"라는 의미의 슬로건 말이다. 이것을 신겐의 말로 생각하는 사람이 있을지 모르겠지만, 그렇지 않다. 원래는『손자(孫子)』의 「군쟁(軍爭)」편에 있는 말을 신겐이 채택한 것이다.

그렇다면『손자』라는, 동서양을 막론하고 널리 알려진 병법서가 쓰인 시기는 언제인가. 여러 논란이 있지만 대충 원형의 작가로 지목되는 손무(孫武)가 살았던 고대중국의 춘추시대로부터 이어지는 전국시대에 걸쳐서라고 추측

된다. 대충 어림잡아 기원전 500~300년대, 지금으로부터 2500년 정도 전이다. 즉, 신겐은 자신에게도 2000년 이상 전 사람의 말을 깃발의 슬로건으로 채택했던 것이다.

여담이지만, 『손자』의 집필시기가 이 시기로 특정된 것은 최근 산둥성(山東省)에 있는 전한(前漢)시대의 고분에서 '죽간손자(竹簡孫子)'가 발견되었기 때문이라고 한다. 죽간은 주로 전국시대에 만들어졌다. 중국의 대학에서 강연했을 때 나도 그 복사본을 선물로 받은 적이 있다. 복사본이라고는 하지만 손에 쥐자 유구한 세월의 흐름을 느낄 수 있었다. 동시에 죽간이라는 것을 발명한 중국인의 깊은 지혜를 새삼 절감하게 되었다.

참고로, 손자의 '후린까잔'은 신겐만이 착목한 병법이 아니다. 최근에 삼국지 적벽대전(208년)을 소재로 한 영화 「레드클리프 I, II」가 상영되었는데(비행기에서 몇번 봤다), 그 영화에도 '후린까잔'이라는 문언(文言)을 배경으로 춤추는 장면이 나온다. 삼국지의 시대에도 이미 700년 전의 가르침인 손자의 병법이 계승되었음을 나타내는 상징적 장면이어서 인상적이었다.

21세기를 사는 우리들은 신겐도 '먼 옛날 사람', 손자(손무)도 '먼 옛날 사람'이라고 한묶음으로 생각하는 경향이 있다. 원경이 압축되어 보이기 때문이다. 그러나 사실은 손자와 신겐 사이에는 2000년이라는 엄청난 역사 시간이 흐르고 있다. 손자와 신겐의 관계를 역사적으로 정확하게 묘사하자면, 『손자』에 나타난 사상이 지금같이 미디어가 발달하지 않은 시대에도 2000년이라는 방대한 시간을 거쳐 신겐에게 수용된 것이라 할 수 있다.

또다른 예로, 현대인에게 삶의 지침이 되곤 하는 『논어(論語)』도 공자의 사망연도가 기원전 479년이므로 거의 2500년 전의 것이다. 그것을 우리는 지금도 수용하고 있다. 그야말로 '온고이지신(溫故而知新)'인 셈이다.

원경이 근경으로 보이는 착오로 인해 우리는 흔히 간과하고 말지만, 이렇듯 일본인 속에는 중국을 원천으로 하는 사상이 면면히 계승되고 있다. 이를 나는 '역사 시간의 체내 축적'이라고 표현하고 싶다. 이 역사 시간의 흐름을 정확히 자각하는 일도 전후라는 불과 60여년의 특수한 시대의 고정관념으로부터 벗어나기 위해 매우 중요하다.

칠복신(七福神) 전설로 보는 일본인적인 것

현대를 사는 우리 일본인 속에 지속되는 역사 시간은 꼭 중국에서 발상(發祥)한 것만이 아니다.

지금 내가 관여하고 있는 일인 '헤이조오(平城) 천도(遷都) 1300년제'를 보아도 알 수 있다. '헤이조오 천도 1300년제'는 710년에 수도를 후지와라꾜오(藤原京)에서 헤이조오꾜오(平城京)로 옮긴 것을 기념해, 2010년이 천도 1300년째가 됨을 축하하고 아시아를 필두로 세계 여러 국가와 깊이있는 문화교류를 나누는 초석이 되도록 기획된 행사다.

헤이조오꾜오의 역사적 의의에 관해서는 헤이조오 천도 1300년 기념협회의 아끼야마 요시히사(秋山喜久) 회장이 협회 홈페이지 인사말에서 다음과 같이 분명하게 말하고 있다.

헤이조오꾜오에는 역사적으로 두가지 커다란 의의가 있다고 생각합니다. 하나는 율령국가가 설립되어 우리나라에서는 처음으로 본격적인 수도가 만들어졌다는 점이고, 또 하나는 일본역사상 유례없는 국제교류 도시로서 대륙문화와 일본문화를 융합시켜 텐뾰오(天平)문화를 꽃피웠다는 점입니다.

헤이조오꾜오(터)를 보면 아시아·유라시아의 역사적 연계가 얼마나 깊었는지를 새삼 느끼게 된다. 이를테면 텐

뾰오문화의 정점으로 평가받는 토오다이사(東大寺). 이 절의 대불전으로 향하는 길에는 일본 돌만이 아니라 인도, 중국, 한반도의 돌도 박혀 있다. 그야말로 문화의 융합을 상징하는 것 같다.

아시아·유라시아의 역사 시간이 일본인의 몸 안에 축적되어 있다고 하면, "그렇다면 일본문화는 그저 복제품이란 말인가?" 하고 반발하는 사람이 있을지 모르겠다. 그러나 결코 그런 일은 없다. 일본인에게는 외래문화를 단지 흉내내는 것만으로는 성에 차지 않고, 외래문화를 흡수하고 수용하는 과정에서 변용·진화시켜 독특한 문화를 만들어내는 특질이 예부터 있는 것 같다. 여기에 일본의 흥미로움과 씩씩함이 있다. '칠복신(七福神) 전설'이 그 전형이라고 해도 좋을 것이다. 칠복신을 모시는 절이나 신사는 전국 방방곡곡에 있는데, 모두 다 '삼국(三國) 전래'라는 라벨이 붙어 있다. '삼국'이란 일본, 중국〔唐〕, 인도〔天竺〕를 가리킨다. 즉 '삼국 전래'라는 말 속에는 "천축에서 당으로, 당에서 일본으로 전래되어, 역사적으로 유서있고 뜻깊은 신"이라는 뉘앙스가 배어 있는 것이다.

실제로 에비스(惠比寿), 다이꼬꾸뗀(大黒天), 비샤몬뗀(毘沙門天), 벤자이뗀(弁財天), 후꾸로꾸주(福祿壽), 주로우

진(壽老人), 호떼이(布袋) 등 일곱 신 가운데 일본 토착신
이라고 할 만한 신은 에비스뿐이다. 나머지는 인도 힌두교
유래의 신(다이꼬꾸뗀, 비샤몬뗀, 벤자이뗀), 중국 불교 유
래의 신(호떼이), 도교 유래의 신(후꾸로꾸주, 주로우진)
이다. 출신도 유래도 다른 이들 일곱 신을 화기애애하게
하나의 보물선에 태웠다는 점이 그야말로 일본적이지 않
은가?『손자』에서 말하는 '오월동주(吳越同舟)' 같은 긴장
관계는 여기에 없다.

쿠우까이(空海): '전체지(全體知)'의 거인

당연한 일이지만 역사 시간의 축적이나 문화 전래는 지
층의 퇴적이나 황사의 유입 같은 자연현상처럼 일어나는
것이 아니다. 사람에게서 사람으로 전수·전승됨으로써 시
공을 넘어 사람들에게 영향을 주는 것이다.

따라서 전래하는 사람이 누구냐에 따라 전수되는 내용
도 크게 달라질 수밖에 없다.『환해이문』에서 오오쯔끼 겐
따꾸의 짜증을 봐도 알 수 있듯이, 세계일주라는 아무리
엄청난 경험을 했어도 경험한 사람에게 일종의 국제감각
이 없다면 그 경험이 다른 이에게 전달될 수 없다. "에도시
대 같은 먼 옛날에 국제감각을 요구하는 것 자체가 무리"

라고 생각한다면 큰 오해다. 『손자』든 『논어』든 불교든, 그 것이 일본에 전해진 것은 에도시대보다 훨씬 예전이다. '국제인'은 결코 전후에 탄생한 것이 아니다. 게다가 영어 를 할 수 있다고 '국제인'인 것도 아니다. 다른 나라 사람 들의 마음을 열게 하고 자신을 상대화해서 볼 수 있는 사 람이 '국제인'인 것이다.

그런 특질을 가진 옛날의 국제인을 생각하면, 나는 누구 보다도 먼저 진언종(眞言宗)의 시조 쿠우까이(空海)가 떠 오른다.

쿠우까이가 당나라 장안(長安)을 방문한 것은 지금으로 부터 약 1200년 전인 804년의 일이다. 당시 쿠우까이는 31 세였다. 함께 파견됐던 사절단 일행에는 천태종(天台宗) 시 조인 사이쪼오(最澄)도 있었는데, 이미 불교계에 이름을 떨치고 있던 사이쪼오와 달리 쿠우까이는 일개 승려에 지 나지 않았다고 한다.

당시의 당은 1차산업만으로 존립했는데, 일본 입장에서 보면 초(超)선진국이었다. 일본의 총인구가 약 500만명이 었던 데 비해 장안에만 100만명이 넘는 사람이 살고 있었 다. 게다가 페르시아인이 4000명 정도 살았다는 기록에서 알 수 있듯이 장안은 유라시아대륙 각지에서 여러 민족이 모이는 국제도시였다.

장안에서 쿠우까이는 아마 지금 우리가 뉴욕이나 빠리, 런던을 처음 방문하는 것과는 차원이 다른, 눈이 핑핑 도는 듯한 이문화 체험과 국제 체험을 했음에 틀림없다. 평범한 인물이라면 그저 놀라고 말았을 것이다. 누가 준 것이나 전수받은 것을 어찌어찌 갖고 돌아오는 정도로 그쳤을 것이다.

그러나 쿠우까이는 그보다 훨씬 앞서나갔다. 당에 갔을 때 이미 중국어를 완벽하게 구사할 수 있었고, 혜과(惠果)에게 사사한 지 불과 몇개월 만에 진언밀교(眞言密敎)의 최고지위를 부여받았다는 초인적인 에피소드가 전해진다. 여기에서도 쿠우까이의 놀라운 국제감각과 지적 능력을 감지할 수 있지만, 이보다 주목하고 싶은 것은 '엔지니어'로서의 쿠우까이다.

쿠우까이가 중국에서 가지고 온 것은 진언밀교의 경전만이 아니었다. 토목공학, 약학, 야금(冶金) 관련 자료와 정보 등, 지금으로 말하자면 '선진기술'을 갖고 돌아왔다. 지금 일본 어디에 가든 쿠우까이가 팠다는 우물이나 연못이 남아 있는데, 이것들이 그 흔적이라 할 수 있다.

게다가 자료를 갖고 돌아온 것으로 그치지 않았다. 쿠우까이는 그런 기술을 서민들이 습득할 수 있도록 '슈게이슈찌인(綜藝種智院)'이라는 학교를 설립했다. 지금 나는 타마대학(多摩大學) 학장을 맡고 있다. 사립대학에 관여하고 있는 사람으로서 새삼스레 쿠우까이의 위대함을 절감하지 않을 수 없다. 왜냐하면 슈게이슈찌인이야말로 일본 사립학교의 출발점이기 때문이다.

슈게이슈찌인은 불교를 가르치는 학교가 아니라 서민들이 일예일기(一藝一技)를 몸에 익힐 수 있도록 기술을 가르치는 학교였다. 완전급식제로 신분이나 빈부의 차별 없이 모두에게 문호를 개방했다고 하니 놀라운 선진성이다.

쿠우까이는 사람의 마음에 잠재하는 불성(佛性)을 믿었고, 절대평등의 세계를 호소했다. 동시에 현세의 현실문제에도 정면으로 맞서고자 한 것이다. 여기에서 나는 인간세계의 총체를 체계적이고도 조화롭게 파악하고자 하는 '전체지(全體知)'를 본다. 그리고 현대세계의 여러 문제에 대처할 때도 쿠우까이같이 '전체지'를 바라면서 문제의 본질적 해결로 향해야 한다고 스스로를 일깨우곤 한다.

3. 유구한 시간의 흐름을 왜곡한 전후 60년

역사 시간을 망각한 일본인

지금까지 여러 시공을 오간 까닭은 얼마나 우리가 전후 60년에 속박되어 있는지를 다시금 일깨우기 위해서다.

지금까지 보아온 바와 같이 우리 일본인의 몸 속에는 중국 등 아시아·유라시아를 기원으로 하는 2천수백년에 걸친 역사 시간이 축적되어 있다. 한편, 1945년부터 시작된 전후는 겨우 60년에 지나지 않는다. 2천수백년을 하루로 환산하면 60년 따위는 30분도 채 되지 않는다. 그런데 최근 60년 남짓한 사이에 우리는 스스로의 몸 속에 축적된 방대한 역사 시간을 망각할 정도로 과도하게 미국의 영향을 받아왔다. 마치 하루의 마지막 30분 사이에 일어난 일로 그때까지 23시간 동안 경험한 일을 잊어버리고 만 것과 같다.

물론 중국문화에 대한 '절단(切斷)' 현상은 전후에 시작된 일이 아니다. 일본인의 중국에 대한 태도는 나쯔메 소오세끼(夏目漱石)도 말하듯 청일전쟁(1894~95)을 경계로 하여 격변했다고 한다. 청일전쟁 전의 중국은 일본인에게 존경, 신봉, 경애의 대상이었다. 그래서 일본인은 중국문화의 영향을 폭넓게 수용했고, 한문에 소양이 있는 사람을 교양인으로 간주했다. 그러나 청일전쟁에서 승리하면서 모든 것이 변했다. 하루아침에 중국을 경멸하기 시작한 것이다. 그때까지 어떤 의미에서는 열등감까지 느꼈는데, 그것이 한순간에 '우월감'으로 뒤바뀐 셈이다. 거의 100년 전 이야기다.

이와 관련하여 덧붙이고 싶은 것이 있다.

대다수 일본인은 '대동아전쟁'(연합국 측에서는 '태평양전쟁'이라고 한다)에서의 패배를 지금까지도 "미국에 졌다"고 생각한다. 승전국에는 중국도 포함되는데 "중국에 졌다"고 인식하는 사람은 별로 없다.

아마 일본인은 패전을 이렇게 총괄하고 싶었던 것이리라. "야마또혼(大和魂)은 한 발자국도 물러서지 않을 정도로 강인했지만 미국의 물량공세에 굴복했다"고 말이다. 그러나 역사를 제대로 인식하고 총괄하려면 일본이 "미국과 중국의 제휴에 졌다"는 사실로부터 눈을 돌려서는 안 된다. 전후 미국만을 과도하게 의식하게 된 것도 단순히 점령정책의 결과만이 아니라, 이렇듯 왜곡된 '총괄'이 영향을 미치고 있는지도 모른다.

물론 역사관에 절대적인 정답은 없다. 누구나 납득하는

객관적인 역사 따위는 존재하지 않는다고 할 수 있다. 그렇지만 자신의 눈에 비친 '세계'를 좁히지 않기 위해서 스스로의 역사관이나 세계관을 상대화해 보는 시점은 꼭 필요하다.

미국만이 아니라 러시아나 중국을 필두로 하는 아시아·유라시아 등 '바깥으로 넓게' 시야를 넓힐 때, 당신은 반드시 전후 60년보다 훨씬 더 유구한 역사 시간이 스스로의 '내면에 깊은' 지층을 형성하고 있다는 데 눈을 뜰 것이다.

요사노 아끼꼬의 세계지도는 거꾸로였다?

1912년 5월, 요사노 아끼꼬(與謝野晶子)가 남편 텟깐(鉄幹)을 만나러 빠리로 떠났다. 여러 사정으로 사이가 안 좋은 때도 있었지만, 그리움을 견디다 못해 7명의 아이를 놔두고 남편에게 달려간 것이다.

이때 신바시역(新橋驛)에는 친구 등 모두 500명이나 되는 사람이 환송하러 나와 만세삼창을 했다고 한다. 왜 신바시역이었는가? 그 이유는 토오까이도오선(東海道線)을 타고 쯔루가(敦賀)로 가, 쯔루가에서 동해(일본해)를 건너 블라지보스또끄로 가려 했기 때문이다. 블라지보스또끄에 가면 대륙을 횡단하는 시베리아 열차가 있다. 아끼꼬는 시베리아 열차에 승차한 날로부터 12일 후에는 빠리에 도착할 수 있었다. 한편, 빠리에서 귀국할 때에는 마르세유에서 배를 탔다. 배를 타고 귀국하는 데 걸린 시간은 40일. 시베리아 열차가 얼마나 빨랐는지를 알 수 있다.

그런데 여기서 말하고 싶은 것은 시베리아 열차가 얼마나 빨랐는지가 아니다. 그보다 중요한 것은 텟깐과 아끼꼬 시대의 사람들에게 유라시아를 횡단하는 일은 매우 당연한 일이었다는 점이다. 오늘날의 '오모떼(表) 일본' '우라(裏) 일본'● 같은 감각이 아니라 오히려 유라시아의 고동(鼓動) 속에서 세계를 바라봤던 것은 아닐까?

여기에 지도가 한장 있다. 북쪽이 위, 남쪽이 아래로 되어 있는 통상적인 메르카토르 도법 지도를 거꾸로 뒤집은 것이다. 이것을 보면 어떤 느낌이 드는가? 일본이 얼마나 유라시아대륙에 근접해 있는지 잘 알 수 있을 것이다. 실제로 지질학적으로는 유라시아대륙의 일부가 분리된 것이

● 1960~70년대 초 고도성장기 일본열도의 경제개발 상황을 상징적으로 표현한 말로, 태평양 연안을 오모떼(앞면) 일본으로, 동해 연안을 우라(뒷면) 일본으로 일컬었다. 태평양 연안이 고도성장기 일본의 얼굴이자 밝은 지역으로, 동해 연안은 상대적으로 낙후되고 어두운 지역으로 인식되었음을 알려주는 용어다.

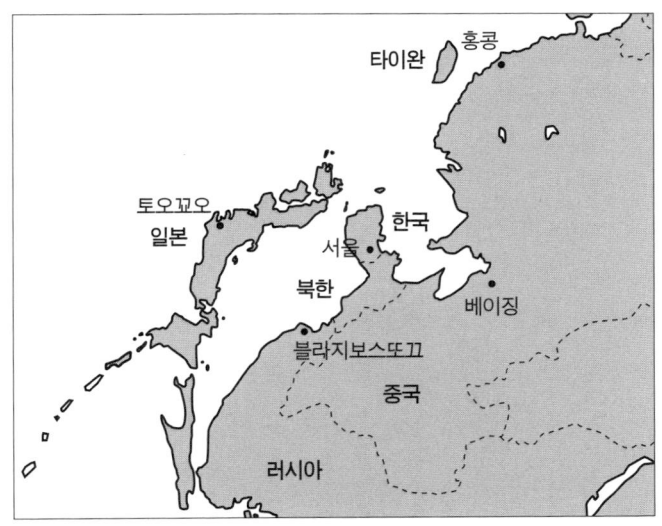

위아래가 뒤바뀐 세계지도로 본 일본

라고 하며, 마치 반도처럼 보인다. 그리고 동해(일본해)는 세또내해(瀨戶內海) 같은 내해(內海)처럼 보인다.

　그러나 보통은 세계지도나 지구의를 보고 있으면 아무리 해도 시선이 태평양 저편 미국으로 향하게 된다. 전후 무역 하면 주로 미국이 상대였고, 외교 하면 미국과의 양국 동맹을 의미했기 때문에 어느새 착각이 생긴 탓이다.

　이 착각에는 50년에 걸친 냉전시대도 영향을 미쳤을 것이다. '이데올로기 체제가 다른 소련, 중국, 북한과 일본 사이를 떨어뜨려놓는 바다'로서의 동해(일본해)라는 이미지가 정착했기 때문에 태평양 쪽이 '오모떼'고, 동해(일본해) 쪽이 '우라'라는 감각이 몸에 배어버린 셈이다.

텟깐이나 아끼꼬는 패전을 보지 못하고 세상을 떴지만, 아마 전후의 일본인을 봤더라면 웃음을 참지 못했을 것이다. 그만큼 전후 우리 몸에 밴 습관은 일본역사상 특이한 것이라 할 수 있다.

TV나 인터넷이 발달한 오늘날 우리는 텟깐과 아끼꼬 세대보다 훨씬 더 세계 사정에 정통하다고 생각하기 쉽다. 하지만 그것도 착각이 아닐까? '우라 일본' '오모떼 일본' 감각에서 상징되듯이, 어느새 '미국을 통해서만 세계를 바라보는' 시각이나 사고방식이 몸에 배어버렸음을 자각하지 않고서는 '세계를 아는 힘'을 함양할 길은 없다.

상관(相關)이라는 앎

네트워크 속에서 생각한다

네트워크형 시각을 갖다

전후의 일본인이 사로잡혀온 '미국을 통해서만 세계를 본다'는 고정관념, 세계인식의 틀에는 어떤 의미에서 '편리한' 측면이 있다. 자기 스스로 생각하지 않아도 미국이 대신 어느정도 정리된 세계에 대한 시야를 제공해주기 때문이다. 아무리 왜곡된 형태일지라도 말이다.

미국에 의존해온 세계인식으로부터 벗어나는 길은 우리 자신이 스스로 관찰하고 생각하는 일을 요구한다. 세계인식의 재구축인 셈이다. 그러나 이것은 결코 쉬운 일이 아니다. 일조일석(一朝一夕)에 가능한 일이 아닌 것이다.

그렇다면 틀을 벗어나 어지러운 듯 보이는 개개의 현상을 우리는 어떻게 종합해나가야 하는 것일까?

지정학적인 시야도 중요하긴 하다. 힘과 힘이 헤게모니를 다투는 '그레이트 게임'(Great Game) 같은 세계관에는 나름의 매력이 있다. 그러나 표면적인 현상에 좌지우지되지 않고 지하수맥같이 세계에 펼쳐져 있는 네트워크에 착목하는 일이야말로 (표면적으로) 격동하는 현대세계를 포착하기 위해 가장 중요하다.

이제부터 몇가지 사례를 중심으로 네트워크형 시야가 무엇을 의미하는지 설명해보고자 한다.

1. 대중화권(大中華圈)

광의의 '차이나'와 협의의 '차이나'

어느 때부터인지 미국이나 유럽을 방문하면 이런 말을 빈번하게 듣게 되었다.

"요즘 중국인들이 몰려오죠?"

"중국을 어떻게 생각하시나요?"

일본에 관해서도 가끔은 좀 물어보라고 불평하고 싶을 정도로 중국에 관한 의견을 묻거나 조언을 구하는 경우가 많아진 것이다.

"요즘 중국인들이 와서는 이런 비즈니스를 하자고 제안했는데 당신은 어떻게 보십니까?"

이런 질문뿐이다. 그러나 조언을 해주고 싶어도 그 '중국인'이라는 사람이 어떤 인물인지 모르면 이야기가 되질 않는다. 그래서,

"어떤 중국인이 온 거죠?"

하고 되묻기로 했다. 그러자 서양인들이 '중국인'이라고 부르는 사람이 우리 일본인들에게 '중국인'이라 불리는 사람과 판이하게 특성이 다른 것을 알 수 있었다. 왜냐하면 되돌아온 답이 대부분,

'타이완의 전자제품회사 사람'이거나

'싱가포르 화교회사 사람'

'홍콩 화교회사 사람'

등이었기 때문이다.

우리 일본인은 통상 중화인민공화국 사람을 '중국인'이라고 부른다. 그러나 서양인이 '차이나'(China)라든가 '차이니즈'(Chinese)라고 부르는 경우에는 반드시 중화인민공화국이나 그 국민을 의미하지 않는다는 사실을 새삼 깨달은 것이다. 그들은 전세계에 약 6000만명이 흩어져 산다고 하는 화교도 포함하여 '차이나' '차이니즈'라는 말을 사

용하는 셈이다. 지금 세계에서 '차이나' '차이니즈'라고 할 때 반드시 중화인민공화국이나 그 국민만을 의미하지 않는다는 사실을 우리 일본인은 알아두어야 할 필요가 있다.

서양인이 말하는 광의의 '차이나'—즉, 중화인민공화국의 타이완, 홍콩 그리고 화교국가라 불리는 싱가포르를 포함한 '차이나'—를 중화인민공화국을 지시하는 협의의 '차이나'와 엄밀하게 구별하는 영어 표현으로 '그레이터 차이나'(Greater China)라는 말이 있다. 이것을 일본어로 옮긴 것이 '대중화권(大中華圈)'이다.

대중화권의 강고한 실체

그러나 서양에서는 보통 '차이나'로 통칭한다. 사정을 모르는 일본인이 그 말을 들었을 때 '그렇게 중국(중화인민공화국)이 대단한가?'라고 생각하게 되는 것은 이 때문이다. 타이완, 홍콩, 싱가포르를 포함한 차이나를 중화인민공화국과 혼동한 셈이니 놀라는 것도 당연하다. 이렇게 '대중화권'이 '차이나'라 불림으로써 중국(중화인민공화국)이 보다 크게 보이게 된 시대에 우리는 살고 있다.

그러나 대중화권이라는 말은 단순히 중국 출신 사람들을 한데 묶기 위한 편의적 말이 아닐뿐더러 중화인민공화국을 크게 보이기 위한 의도적인 말도 아니다. 오히려 중국, 타이완, 홍콩, 싱가포르의 산업적 제휴가 깊어짐에 따라 대중화권이 하나의 산업적 실체가 되고 있음을 나타내는 말이라 할 수 있다. 중국이 보다 크게 보이는 것도 이런 실제적 뒷받침이 있기 때문이다.

예를 들어 중국과 타이완의 관계를 보자. 타이완해협에는 정치적인 벽이 가로놓여 있다고들 한다. 중국-타이완 관계가 향후 어떻게 될 것인지가 아시아를 논의대상으로 삼는 사람들에게 최대의 두통거리라고 일컬어지는 이유다. 개중에는 일촉즉발의 관계라고 보는 이들도 있다.

그런데 상하이 푸둥국제공항에 일단 내려보면 '일촉즉발'론자는 허무함을 느낄 것임에 틀림없다. 그 이유는 이곳에 특별히 타이완인 전용 입국심사 카운터가 개설되어 있기 때문이다. 이는 타이완인 출·입국 횟수가 얼마나 많은지를 보여주는 것이며, 현실적으로 이에 대응하기 위한 조치인 셈이다.

나도 처음 봤을 때는 '왜?'라고 생각했으나 상하이의 거리를 필드워크(field work)하듯 걸어다니며 여러 사람과 이야기를 나누는 사이에 수수께끼가 풀렸다. 이미 100만명이 넘는 타이완인이 중국 본토로 이주해온 사실을 알게 된 것이다. 관광객이 아니다. 부모와 자식 간의 일시적 재회도 아니다. 순수하게 경제적인 관점에서 타이완 기업이 중국 본토로 생산거점을 옮긴 결과, 그 관계자와 가족이 이주하게 된 것이다. 그리고 타이완 총통선거 등이 있을 때 몇십만명의 사람들이 일시 귀국한다.

본토에 진출한 타이완 제조사는 이곳에서 세계 각지로 제품을 수출하고 있다. 그렇다면 얼핏 봤을 때 중화인민공화국의 수출로 보이는 숫자도 타이완 기업 제품을 포함하고 있는 셈이다. 예를 들어 중국 전자산업의 수출액 중 절반은 중국 본토에 진출한 타이완 기업의 수출액으로 추정된다.

중국과 타이완이 적어도 경제분야에서는 제휴를 강화한 셈인데, 그것이 바로 '차이나'가 보다 크게 보이게 된 하나의 예라 할 수 있다.

'중화민족'이라는 말의 이중구조

일본의 대중무역 확대 소식이 미디어에 자주 보도된다. 그것도 사실이긴 하다. 그러나 좀더 주목해야 할 것은 대중화권 무역의 확대다.

앞의 그래프를 보자. 일본의 무역구조(무역총액에서 차

일본의 무역구조 변화

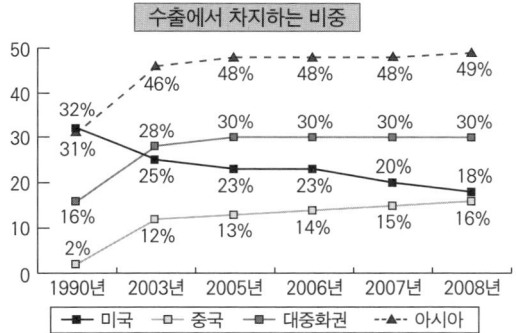

수출에서 차지하는 비중

	1990년	2003년	2005년	2006년	2007년	2008년
미국	31%	25%	23%	23%	20%	18%
중국	2%	12%	13%	14%	15%	16%
대중화권	16%	28%	30%	30%	30%	30%
아시아	32%	46%	48%	48%	48%	49%

■ 미국 □ 중국 ■ 대중화권 ▲ 아시아

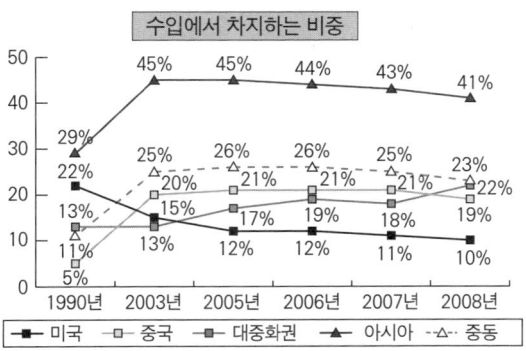

수입에서 차지하는 비중

■ 미국 □ 중국 ■ 대중화권 ▲ 아시아 △ 중동

* 1990년 27.4퍼센트, 2000년 25.0퍼센트였던 대미무역 비중은 13.5퍼센트에 불과하다.

2009년 1~9월의 무역총액에서 차지하는 비중

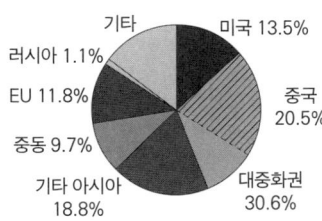

기타
미국 13.5%
러시아 1.1%
중국 20.5%
EU 11.8%
중동 9.7%
기타 아시아 18.8%
대중화권 30.6%

지하는 지역별 비율) 변화를 약 20년간 추적한 것을 그래
프로 나타낸 것이다. 버블경제기간 이후 대미무역의 상대
적인 감소와 대중화권 무역의 확대 추세가 일목요연하다.
게다가 최근(2009년 1~9월)의 무역구조를 원그래프로 나
타내면 더욱 충격적인 사실을 알 수 있다. 이미 미국의 비
중은 전체의 14퍼센트 이하까지 떨어진 데 비해, 중국의
비중은 20퍼센트를 넘고, 대중화권 비중은 30퍼센트를 넘
으며, 아시아의 비중은 49퍼센트에 달한다.

일본이 대미무역으로 먹고산 것은 이제 옛날 이야기다.
대중화권을 중핵으로 하는 아시아와의 무역으로 먹고사는
시대로 이미 접어든 것이다.

여기서 잠시 2008년 베이징올림픽을 상기해보자.

중국이 위신을 건 대회였던 만큼 개회식은 유례없이 길
었다. 특히 3시간 이상의 공연에서 2시간 남짓에 걸쳐 중
국이 '인류사에 남긴 4대 발명'을 소개하는 데에 열을 올
렸다. 종이도 화약도 활자도 나침반도 모두 중국인이 만들
었다는 일종의 시위였던 셈이다.

자, 그건 그렇다 치고 이제부터가 본 주제다.

올림픽이 폐회되고 약 1개월 뒤, 후 진타오(胡錦濤) 주석
이 올림픽 성공에 공헌한 사람들을 한데 모아 표창식을 가

졌다. 이 자리에서 후 주석이 한 연설을 일본어 번역으로 정독해보면 신기한 말 씀씀이를 알 수 있다. 후주석은 "중국 인민의 노력으로 베이징올림픽의 성공이 가능했다"고도, "중화인민공화국은 위대한 성과를 거뒀다"고도 하지 않았다. 그 대신 지겨울 정도로 되풀이한 말이 "중화민족의 역사적 성과를 이뤘다"는 표현이었다.

이 구절을 보고 고개를 갸우뚱하지 않을 수 없었다. '중화민족'이라는 민족은 존재하지 않기 때문이다. 잘 알다시피 중국은 다민족국가이다. 인구의 대다수를 점하는 한족 외에 위구르족, 티베트족, 몽골족, 만주족 등 정부가 인정하는 민족만 해도 50개가 넘는다. 그런데 '중화민족'이란 민족은 없는 것이다.

도대체 '중화민족'이란 무엇인가? 나는 중국사회과학원에 있는 이 분야 전문가에게, 그리고 타이완 동아경제인회의 관계자에게 물었다.

"왜 후 진타오 주석은 '중화민족의 역사적 성과'라는 말을 쓴 걸까요?" 돌아온 답을 종합해보고, '그 말에는 이중의 의미가 담겨 있다'는 사실을 알았다.

말하자면 이렇다.

하나는 중국 국내를 의식한 '오족공화(五族共和)'론의

흐름을 잇는 것으로서의 '중화민족'이다. '오족공화'란 1912년 쑨 원(孫文)을 임시대통령으로 내세워 성립한 중화민국의 공화정체 이념으로 한족, 만주족, 몽골족, 위구르족, 티베트족이 힘을 합쳐 공동으로 신국가 건설에 나서자는 내용을 담고 있다. 중국인에게 '중화민족'이라는 말은 이 '오족공화'를 상기시킨다는 것이다.

그것을 왜 후 주석이 지금 끄집어냈는가? 티베트에서부터 신장·위구르까지 소수민족 문제가 분쟁의 불씨가 되고 있는 현상황에서 '모두 사이좋게 잘했다'는 것을 강조하기 위함이다.

그리고 또 하나의 의미가 앞에서 말한 대중화권으로서의 '중화민족'이다. 그 전문가가 말하기를,

"아무리 반공국가여도 타이완 사람도, 싱가포르 사람도, '중화민족의 역사적 성과'라는 말에는 감동하기 마련"이라고 한다.

서양인이나 일본인에게는 따분하기 그지없었던 베이징 올림픽 개회식의 '4대 발명' 공연도 실은 외국인에게 자랑하기 위한 것은 아니었던 것 같다. 그것은 오히려 대중화권을 구성하는 모든 '중화민족'을 향해 발신된 것이기 때문이다. 그 공연을 보고 타이완의 중국인도, 홍콩의 중국

인도, 싱가포르의 중국인도 이렇게 생각했음에 틀림없다.

'그래, 결국 세계의 4대 발명은 우리 중국인의 손에 의해 이뤄진 것이야'라고 말이다.

국가체제가 공산주의냐 아니냐 하는 이데올로기 문제를 뛰어넘어서, 대중화권을 구성하는 사람들 사이에는 '중화민족의 역사적 성과'라는 말에 공명하는 심층 저류 같은 것이 흐르고 있는 셈이다.

약동하는 대중화권의 활력

앞에서 상하이 국제공항에 타이완인 전용 입국심사 카운터가 개설돼 있는 것을 보고 놀랐다는 이야기를 했다. 지금 대중화권을 다니면 그런 '발견'의 연속이다.

한 예로 싱가포르는 아와지시마(淡路島)보다도 작은 도시국가지만 요 몇년 사이에 싱가포르를 방문할 때마다 중국 본토로부터 중국인이 대거 방문하는 장면을 자주 목격하게 된다. 2007년에는 중국인 방문객이 연간 6만명이었는데 이미 10만명 가까이 되었다고 한다. 방문객 대부분은 부자가 된 중국인들이다.

관광이나 쇼핑이 목적인 줄 알았는데 그게 아니다. 그들은 의료써비스를 받기 위해 싱가포르를 방문한다. 왜 싱가포르인가? 싱가포르에서는 다른 나라에서는 받을 수 없는 선진의료 써비스를 받을 수 있기 때문이다. 게놈과학, 바이오테크놀로지의 첨단연구를 배경으로 한 고도 선진의료 기술이 부자가 된 중국인을 자석처럼 끌어당기고 있는 것이다.

원래 싱가포르는 '대중화권 연구개발센터'라 할 수 있다. 메디컬센터가 있을 뿐 아니라 IT나 게놈, 바이오 연구의 거점으로도 기능하고 있기 때문이다. 경제적인 어투로 바꿔 말하자면 중국의 성장력을 ASEAN(동남아시아국가연합)으로 끌어들이기 위한 기점 역할을 한다고 해도 무방하다.

그 싱가포르 자본, 혹은 홍콩 자본이 지금 상하이 부근으로 진출해 환경기술에 관한 실험적인 프로젝트를 주도하려 한다.

예전에는 화교와 중국 본토 사이의 관계가 친인척에게 송금하는 자와 송금받는 자의 관계로 비유되곤 했다. 그런 시대가 오랫동안 계속되었다. 그러나 중국 본토가 놀라울 정도의 성장을 이룩함으로써 중국은 화교권 사람들에게 매우 매력적인 비즈니스의 장이 되기 시작한 것이다. 경제발전을 이룬 중국 입장에서도 중국경제를 지속적으로 발전시켜나가기 위해 화교권을 도약의 발판으로 삼는 것이 좋다고 생각하게 되었다. 이와 같이 중국 본토와 화교권 사이의 전략적 의도가 일치한 결과 현재 대중화권의 상관은 한층 더 깊어지고 있다.

한마디로 줄여 '중국'이라고 표현하지만, 대중화권 내부의 상관(相關)이 강화됨으로써 '중국'의 활동영역(front)이 훨씬 넓어져 그 활력이 약동하고 있다는 사실을 우리 일본인들도 알아야 한다. 앞에서도 말했듯이 일본의 무역 총액 중 30퍼센트 이상이 대중화권 상대인 시대이기 때문이다. 좋고 나쁘고를 떠나 사실로서 일본은 대중화권을 경시할 수 없게 된 셈이다.

이러한 때에 중국 본토만을 본다면 시대의 흐름을 잘못 읽게 된다. 대중화권이라는 네트워크에 착목할 때 비로소 중국 본토의 움직임이 무엇을 의미하는지가 보일 것이기에 그렇다.

왜 중국만이 포스트냉전 시대에 대두한 것일까?

2009년은 톈안먼사건(1989년 6월 4일)이 일어난 지 20년째 되는 해다. 나는 그 사건이 학생들의 민주화 요구로 사회주의체제가 붕괴되어가는 데 대한 체제 측의 과잉공포를 드러낸 사건이라 생각한다. 실제 사건 발생 후 5개월 뒤에 베를린장벽이 붕괴했고, 2년 후의 소련 해체를 시작으로 사회주의국가는 눈사태처럼 해체의 길로 들어섰기 때문이다. 이른바 냉전의 종언이다.

그로부터 20년. 지금 세계를 보고 있노라면 예전에 사회주의국가라 불렸던 대부분의 나라가 고투나 혼미를 거듭하고 있다. 그러나 유일하게 중국만은 사회주의체제를 유지하면서 경제적 성공을 이뤄 미국과 나란히 초대국으로 대두할 수 있었다. 왜일까? 나는 두가지 위기를 극복한 것이 오늘날의 중국을 가능케 했다고 본다.

하나는 1997년 6월 30일부터 7월 1일에 걸쳐 이루어진 홍콩 반환이다. 당시 국제사회는 덩 샤오핑(鄧小平)이 주창하는 '1국2제도(一國二制度)'가 정말 실현될 수 있을지 흥미진진하게 바라보고 있었다. 2047년까지 보장하기로 약속한 홍콩의 자본주의 씨스템에 강권을 발동해서 개입하는 일은 없을까? 만약 그런 일이 일어난다면 세계 각국의 대중국 정책은 변경될 수밖에 없었다. 그리고 공산당정부로서도 홍콩에서 혼란이 일어나면 국내에서 추진 중인 '개혁개방' 정책의 발목을 잡힐 수 있었다. 반대로, 홍콩은 에도시대 나가사끼의 데지마(出島) 같은 곳이었기에 중국 국내가 '개혁개방'되면 홍콩의 대외적 가치도 저하되어 몰락하는 것 아닌가 하는 우려도 있었다.

그러나 그런 걱정을 비웃기라도 하듯이 1국2제도 아래 자본주의 씨스템 그대로 금융과 유통, 문화의 일대 교차점으로서 홍콩은 발전을 지속했다. 중국공산당은 홍콩을 국내와 아시아, 그리고 세계를 잇는 대중화권의 기점으로 삼아 연착륙시키는 데 성공했다고 할 수 있지 않을까?

그리고 또 하나가 타이완 문제다. 타이완 문제라 함은 1949년 국공내전을 거쳐 중화인민공화국(현재의 중국)이 출범함에 따라 그때까지 중국 정통국가였던 중화민국과 중화인민공화국이라는 '두개의 중국'이 병립함으로써 생긴, 타이완에 대한 지배권의 대립 문제다. 중화인민공화국으로의 '통일'이냐, 중화민국으로의 '독립'이냐는 문제가 오랫동안 대륙과 타이완 사이에서 '양안문제(兩岸問題)'로 대두되어왔던 것이다.

그사이 타이완은 한국, 홍콩, 싱가포르와 함께 NIES(신흥공업경제지역)의 선두주자로서 경제성장을 이뤘다. 다른 나라들에게 타이완은 무역에서 매우 매력적인 존재가 된 것이다. 1971년 UN에서 중화인민공화국이 '중국'의 대표권을 가져간 이후 '유일한 중국 국가'인 중화인민공화국과 국교를 맺으면서 중화민국과의 국교를 단절한 서방 측 국가들이 민간단체를 통해 타이완과 사실상의 국교를 유지해온 것도 이 때문이다. 경제발전을 이뤄 서방 측 국가들과 긴밀한 교역관계를 형성한 타이완에 대해 냉전 종결 시점에 개발도상에 있던 중화인민공화국이 강권을 발동하여 접수해야 할 유혹을 느꼈더라도 전혀 이상한 일이 아니었던 셈이다.

그러나 이 문제에 대해 중국공산당은 '하나의 중국'이라는 원칙을 유지하면서도 경제협력을 추진하여 인적·문화적인 교류를 심화하는 등 고단수의 유연한 대응을 해왔다고 할 수 있다. 이에 힘입어 아직 양안문제는 결정적인 대립에 이르지 않고 있다.

이 두가지 문제를 아슬아슬하게 제어할 수 있었다는 사실이 중국의 안정적인 발전에 큰 기여를 했다고 나는 생각한다. 여기에 세계의 메디컬센터, 아시아의 연구개발센터인 싱가포르와의 제휴가 큰 역할을 했다. 즉 '중화민족'이 각각의 역할을 훌륭히 분담하는 형태로 대중화권을 형성한다는 씨나리오를 작성·실행함으로써 중국은 다른 사회주의국가에서는 실현할 수 없었던 번영을 손에 넣을 수 있었던 것이다.

얼마 전 베이징대학에서 학생들을 대상으로 이 같은 이야기를 했다. 중국인은 '대중화권'이라는 말을 쓰지 않는다. 이 말에는 예전 일본의 '대동아공영권' 같은 패권주의적 인상이 있기 때문에 그들은 신중하다. 단, 대중화권이라는 발상은 이해할 수 있고 시사적이어서 받아들이는 사람이 많다. 대중화권을 구성하는 '중화민족'이라면 마음속 깊은 곳에서는 마음을 합치시킬 수 있는 시각이라 생각하는 것이다.

2. 유니언잭의 화살

세계를 움직이는 유니언잭

싱가포르는 대중화권 네트워크의 중요한 구성요소이자, 또 하나의 보이지 않는 네트워크의 중요한 구성요소이기도 하다. 그 네트워크란 지금부터 이야기할 '유니언잭(Union Jack)의 화살'이다.

다음 지도를 보자. 런던, 두바이, 인도의 방갈로르, 싱가포르, 그리고 오스트레일리아의 씨드니를 잇는 지도다. 모두 예전에는 대영제국의 지배하에 있던 영연방의 주요 도

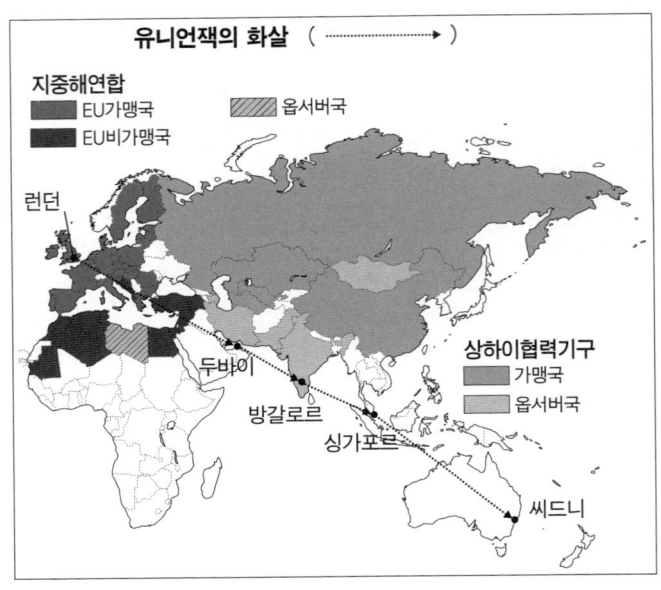

시인데 놀라울 정도로 일직선상에 위치해 있음을 알 수 있다. 이것을 보통 '유니언잭의 화살'이라고 부른다.

이는 결코 자의적으로 그은 선이 아니다. 상호 간에 강력한 관계를 가진 각각의 도시를 연결한 결과이기 때문이다. 두 도시 사이를 그은 선은 지정학적으로 큰 의미를 지닌다.

우선 런던과 두바이의 관계를 살펴보자. 써브프라임 모기지론 문제를 발단으로 한때의 맹렬한 성장에는 브레

이크가 걸렸다고 하나, 두바이가 현재 '중동의 금융센터'로 기능하고 있음은 누구나 인정하는 일이다. 그 금융엔지니어링을 담당한 것이 런던의 금융가 씨티(the City of London)였다. 두바이를 현재와 같은 급성장국으로 만들어낸 것은 단순히 원유가격의 급등이나 오일머니만이 아니었던 것이다. 씨티와 두바이 금융비즈니스의 긴밀한 연관 속에서 두바이는 꽃을 피울 수 있었다.

또 두바이와 인도의 관계는 19세기에 두바이가 대영제국의 인도 지배를 위한 중계점이 된 데에서 시작된다. 두바이에 가보면 누구나가 놀라는 것이 인도인이 굉장히 많다는 사실이다. 건설노동자도 있고(두바이의 '제벨알리프리존' Jebel Ali Free Zone이라 불리는 경제특구에서는 외국자본의 직접투자나 외국인노동자 고용이 완전자유화되어 있다), 관광 목적의 여행자도 있으며, 고도의 의료써비스를 원하는 입원환자도 있다. 두바이에는 대영제국 시대부터 이어져온 연관, 상관이 역사적으로 뿌리내려 있는 셈이다.

역사적으로 뿌리내린 문화관습이라면 두바이 곳곳에서 대영제국의 흔적을 볼 수 있다는 것이다. 예를 들어 스포츠. 일본에서는 전혀 유행하지 않았던 크리켓(cricket)이 그 땅에서는 최고의 인기를 누린다. 혹은 럭비가 그렇다. 이런 사실을 깨달으면 대영제국이 남긴 눈에 보이지 않는 '문화적 뿌리내림 장치'가 현대사회의 네트워크를 형성하는 데에 얼마나 유효하게 기능하고 있는지를 알게 된다.

영연방에 대해서는 '쇠퇴하는 대영제국'이라든가 '과거의 영광에 사로잡힌 형해화된 연합체' 등 부정적인 평가도 적지 않지만, 나는 오히려 '유니언잭의 화살' 위에 모습을 바꾼 강력한 새로운 네트워크를 본다.

싱가포르의 지정학적인 의미

두바이와의 관계에서는 인도가 조역처럼 비쳤을 수도 있겠지만 결코 그렇지 않다. 지금 인도는 IT대국으로 성장하여 중국 다음으로 세계의 성장엔진이 될 것이라 여겨지고 있다. 그 IT혁명의 기점이 된 곳이 바로 방갈로르다. 방갈로르와 싱가포르 사이에는 대용량 해저 광케이블이 설치되어 있다.

참고로 인도인의 능력은 인도에서만 발휘되고 있는 것이 아니다. '대중화권의 연구개발센터' 싱가포르는 인구의 75퍼센트가 중국계이기 때문에 화교국가로 간주되지만, 사실 말레이계(14퍼센트)며 인도계(약 9퍼센트)도 많이 살고 있는 다민족국가다. 게놈이나 IT의 첨단기술 개발에는 인도계 주민도 크게 기여하고 있는 것이다. 앞에서 말한 선진의료 시설에서도 인도계 의사가 활약하고 있다.

여기에 자원대국으로 나아가고 있는 오스트레일리아의 중심도시 씨드니를 더해서 생각해보자.

싱가포르가 방갈로르와 씨드니를 잇는 선상에 위치하는 것은 강력한 지정학적 의미를 갖는다. 지금도 발전 중인 인도와 오스트레일리아를 잇는 기점이 됨으로써 각각의 국가와 씨너지효과를 내는 데에 절호의 장소이기 때문이다. 즉 싱가포르는 대중화권의 남단에 위치하여 중국의 성장력을 ASEAN으로 끌어들이는 기점이 되는 동시에, 인도와 오스트레일리아의 성장력을 ASEAN으로 이어주는 기점도 되고 있는 셈이다.

실제 2007년 가을에는 700명이 탑승 가능한 거대 점보 여객기 '에어버스 A380'이 싱가포르-씨드니 구간에 취항했다. 747을 대신하는 '세계 최대의 여객기'로서 오랫동안 주목받아온 'A380'의 최초 취항사가 싱가포르 항공사이며, 최초의 비행이 싱가포르-씨드니 구간인 것은 우연이 아닌 것이다.

그렇다면 싱가포르와 ASEAN 국가들 사이의 상호 접

근성은 어떨까? 지금 일본에서도 JAL의 경영문제를 계기로 '로 코스트 캐리어'(Low Cost Carrier, 저비용항공)가 화제가 되고 있지만, '로 코스트 캐리어'가 무엇인지 제대로 알고 싶다면 싱가포르 창이(Changi)국제공항 제5터미널을 들여다보면 된다. 외국인노동자의 취업을 제한하는 일본에서는 상상도 못할 일이 그곳에서는 벌어지고 있는 것이다. 놀랍게도 싱가포르 창이국제공항은 필리핀이나 인도네시아에서 온 노동자로 온통 뒤덮여 있다. 운임이 일본 엔화로 환산해 왕복 수천엔이면 되기 때문에 이만큼의 사람이 모이는 것이다. 즉 문자 그대로 '하늘의 버스'인 것이다. 물론 '버스'니까 기내식 써비스도 없고 TV도 없다. 그런 것은 필요 없기 때문이다. 이렇게 ASEAN으로부터 효율적으로 사람들을 끌어들임으로써 사람의 흐름을 유럽이나 중동, 오스트레일리아로 연결하는 기점으로 싱가포르는 기능하고 있는 것이다.

즉 대중화권과 유니언잭의 화살이라는 두개의 네트워크가 교차하는 일대 중계점, 그곳이 바로 싱가포르인 셈이다.

싱가포르는 때론 '버추얼 국가'(virtual state)라 불린다. '버추얼 국가'라는 말은 UCLA의 로즈크랜스(Richard N. Rosecrance) 교수가 출판한 『버추얼 국가의 대두』(1999)에서 처음 명명된 것인데, 그는 이 책에서 '버추얼 국가'를 이렇게 묘사한다.

"토지, 자원, 원재료 등의 생산요소보다는 양질의 노동력, 자본, 정보"를 중시하는, "두뇌만 있고 신체는 없는 다운사이즈(downsize)된 국가"라고 말이다. 그리고 "버추얼 국가는 타국의 생산능력을 필요로 한다. 그 결과 국가 간 경제관계는 '특정 지역에 있는 두뇌와 다른 지역에 있는 신체를 연결시키는 신경 같은 것'이 된다"고 지적했다. 싱가포르야말로 이런 국가로 존속해온 것이다.

인간의 두뇌가 신체의 신경계통과 네트워크를 만듦과 동시에 뇌 안에서도 씨냅스(synapse) 결합 네트워크를 형성하지 않으면 아무런 의미가 없는 것과 마찬가지로, '두뇌국가'인 버추얼 국가를 뿌리에서 지탱하는 것도 네트워크다.

이렇게 생각하면 아와지시마 정도의 면적도 안 되는 작은 섬나라, 이렇다 할 공업생산력도 없는 나라인 싱가포르가 어떻게 버추얼 국가로서 전세계에 꿀리지 않는 경제국가가 되었는지 이해가 간다.

정보와 가치 삽입장치

'유니언잭의 화살'의 기점이 되는 곳은 물론 런던인데, 런던-싱가포르 사이를 2008년 싱가포르항공의 'A380'이 비행하게 되었다. 그에 앞서 영국과 싱가포르 간에 체결된 '오픈스카이'(Open Sky) 항공협정에 따른 일이다. '오픈스카이'란 발착(發着) 한도나 노선 등을 종래와 같이 양국 간 협정으로 엄격하게 정하지 않고 항공회사가 수요에 따라 자유롭게 정할 수 있는 '항공자유화' 정책을 말한다.

이 양국 간 '오픈스카이' 협정에 나는 상당히 놀랐다. 왜냐하면 영국으로서는 국내 항공편 등이 없는 싱가포르에서 '이원권(以遠權, beyond right)'을 기대할 수 없기에 직접적 이점이 없는 게 아닌가 싶었기 때문이다. 그러나 역시 심려원모(深慮遠謀)의 영국이었다. 싱가포르는 앞에서 살펴본 바 있듯이 ASEAN의 창구다. 이에 착목하여 그 인구의 흐름을 런던으로 유입시킴으로써 런던을 아시아와 유럽을 잇는 게이트웨이로 삼으려 했던 것이다. 더불어 영국이 부여하고 있는 영국연방 가맹국에 대한 비자면제 등의 우대조치도 중요한 의미를 가질 터이다.

'유니언잭의 화살'은 영국에게는 나라만들기의 근간을 이루는 전략이다. 즉 두바이, 방갈로르, 싱가포르, 씨드니와

세계의 성장센터를 잇는 네트워크의 기점이 됨으로써 영국에 사람, 돈, 정보가 모이는 씨스템을 만들어내는 일이 바로 그것이다. 이 직선은 그대로 영국의 '생명선'인 셈이다.

여기서 새삼 중요한 의미를 갖는 것이 모두 영연방 가맹국이라는 사실이다. 일반적으로 영연방에는 세가지 공통점이 있다고 한다. 첫째는 영어라는 공통언어, 둘째는 문화유산, 셋째는 행정·교육·사법 등 법적 씨스템과 제도 설계다. 모두 사회생활과 문화를 뿌리에서 지탱하는 인프라다.

이것이 오늘날 IT사회에서 지니는 의미는 결코 작지 않다. 왜냐하면 IT혁명이 진행될수록 정보네트워크를 통한 의사소통, 즉 커뮤니케이션의 중요성이 증가하기 때문이다. 의사소통의 밀도가 높은 그룹은 살아남고 약한 그룹은 패퇴한다. 이때 언어, 문화, 법적인 씨스템이 서로 통한다는 사실은 측정 불가능한 장점이 된다.

이렇게 보면 유니언잭의 화살은 영연방이 지녀온 공통언어, 문화가치, 사회적 인프라라는 자산의 '삽입장치'로서 기능하고 있음에 감탄하게 된다. 영연방은 때론 '과거의 영광에 집착하는 형해화한 연합체' 나부랭이로 간주되곤 하지만, 이러한 삽입장치를 통해 현재에도 살아남아 있기 때문이다.

냉전시대 우리는 미·소라는 특출한 초대국이 세계를 움직인다는 도식으로 세계를 파악해왔다. 그러나 어딘가 걸출한 나라나 지역이 세계를 움직이고 있다는 생각으로는 오늘날의 세계를 결코 파악할 수 없다. 이런 지하수맥 같은 네트워크의 연동과 발전으로 파악해야만 하는 시대에 돌입했기에 그렇다.

3. 유대인 네트워크

세계를 변화시킨 다섯명의 유대인

세계를 잇는 가교 역할을 하는 지하수맥적 네트워크라고 하면 누구나가 고전적 존재로서 유대인 네트워크를 떠올릴 것이다(유대인이란 엄밀하게 말하면 유대교도를 의미하기 때문에 유대교를 믿는 종교민족이라 할 수 있다). 세계에 흩어져 사는 화교가 약 6000만명이라 일컬어지는 데 비해 유대인은 약 1500만명이라고 추정된다. 수적으로는 화교의 4분의 1이지만 세계에 미치는 영향력은 측정 불가능할 정도로 막대하다.

그렇다고 해서 '유대인이 세계를 조종한다'는 식의 이

른바 '유대인 음모론'에 가담하려는 건 아니다. 나 자신의 경험에 비추어보자면 유대인만큼 자존심 강한 개인주의자들은 없다고 본다. 자신의 운명을 집단적 음모에 내맡길 정도로 단순한 사람들이 아닌 것이다. 유대교의 격언에도 "늦잠, 낮술, 유치한 대화, 그리고 어리석은 자들과 함께 모이는 일, 이것이 몸을 망친다"는 말이 있을 정도다. 음모 따위의 '어리석은 자들의 모임'에 모두가 가담했다면 일찌감치 유대인은 망하고 말았을 것이다.

오히려 그들은 '우뚝하다' 할 정도로 단호한 자아를 지니고 있다. 그들은 자주 'mensch'(멘시)라는 말을 한다. 멘시는 '신뢰에 값하는 훌륭한 인물'을 뜻하는 이디시(Yiddish)어인데, 그들이 '훌륭한 인물'로 평가하고 인정하는 데에 그 사람의 지위는 아무런 영향을 미치지 않는다. 지위와 상관없이 인간으로서 진지하게 논의할 가치가 있는 인물, 명확한 자아, 기술, 식견을 가진 인물을 '멘시'라 부르며 한없이 경애하는 것이다.

따라서 유대인 네트워크라는 것도 '멘시'를 사랑하는 강인한 개인을 기반으로 하여 형성된 어른들의 계약이라고 생각해야 한다.

그렇다면 유대인 네트워크가 지금 세계에 어떤 영향을

미치고 있을까? 이 물음에 답하기 전에 유대인 친구가 들려준 유명한 유대인 농담에 귀를 기울여보자. '세계를 바꾼 다섯명의 유대인'이란 이야기다.

천상의 나라에서 인류사상 위인으로 알려진 다섯명의 유대인이 '인간의 행동을 본질적으로 규정하는 것은 무엇인가?'라는 주제로 토론을 했다.

우선 모세가 위엄있게 꾸짖듯 단언했다. "인간이 인간이기 위한 요소, 그것은 이성이다."

다음으로 그리스도가 가슴을 가리키며 부드럽게 반론했다. "아니, 그것은 사랑입니다."

두 사람이 '이성이다' '사랑이다' 하며 갑론을박하자 '헛소리 마시오'라는 표정으로 맑스가 선언했다. "모든 것은 배[胃], 경제가 결정한다."

그러자 "더 솔직하게 이야기해야 한다"면서 프로이트가 끼어들었다. "결국에는 성, 섹스죠."

'이성이다' '사랑이다' '배다' '섹스다' 하고 네 사람이 치열하게 논의를 이어나가자 아인슈타인이 나타났다. 그리고 혀를 날름 내밀면서 이렇게 말했다. "아뇨. 여러분, 모든 일은 상대적인 겁니다."

누구나 아는 위인들이지만 다섯명 다 유대인이라는 사실은 다소 놀라울 것이다. 이 농담은 유대인들이 자주 하는 것이라는데, 이 이야기 속에는 '세계를 만들어온 것은 유대인'이라는 자부심이 깃들어 있다.

왜 이렇게 많은 유대인들이냐며 의아하게 생각될 때 퍼뜩 떠오르는 것이 있었다. 유대교 경전에 나오는 "너는 어디에서 와 어디로 향하는 자인가"라는 말이다. 유랑의 민족 유대인은 오랜 박해의 역사 속에서 언제나 역사의 목적이나 인간의 본질을 물어왔다. 그것이 '다섯명의 유대인'으로 대표되는 특이한 구조인식의 힘을 가능케 한 것이 아닌가, 그런 생각이 드는 것이다.

국제주의와 고부가가치주의가 축이다

대중화권의 지하수맥에는 이데올로기를 넘어선 '중화민족' 의식이 흐르고 있었다. '유니언잭의 화살'의 지하수맥에는 영연방에 공통되는 문화적·사회적 인프라가 버티고 있다. 그렇다면 세계에 흩어져 사는 유대인 사이에는 무엇이 맥을 이루고 있을까?

'유대교를 믿는 유대교도로서의 아이덴티티'라든가 '약

속의 땅 가나안에 대한 그리움'이라 할 수도 있을 것이다. 그러나 나는 유랑의 민족이기에 획득한(획득할 수밖에 없었던) '유대적 사상'에 그 맥이 있다고 본다.

여러 유대인들을 접하면서 체험적으로 생각한 것인데, 유대적 사상의 기축(基軸)은 두개다. '국제주의'와 '고부가가치주의'.

우선 유대인이 짊어진 이산(離散, 디아스포라)과 유랑의 역사를 상상해보자. 예를 들어 기원후 70년에 예루살렘의 로마제국에 의해 함락된 후의 운명을 되돌아보면, 많은 유대인이 중동세계 바깥으로 이산을 강요당했고, 마사다(Masada)로 쫓기어 갇힌 유대인은 집단자결이라는 비극적 최후를 맞이한다. 로마제국에 의해 유대라는 지명이 말살되고 유대인과 적대했던 '페리시테' 사람으로, 즉 팔레스타인이라는 지명으로 변경된 것도 그때부터다.

아직까지 '마사다 콤플렉스'라는 말이 존재하는 데서 알 수 있듯이 유대인은 늘 '언제 자신들이 탄압되어 내쫓길지 모른다'는 공포심을 가진 채 세계를 유랑해왔다. 국가를 상실한 민족인 셈이다. 그래서 그들의 마음속에는 지금 살고 있는 장소가 '임시숙소'에 지나지 않는다는 의식이 강하게 작동하고 있다. 유랑 끝에 정착한 장소가 미국이든 프랑스든 러시아든 '언젠가는 젖과 꿀이 흐르는 약속의 땅 가나안으로 돌아가리라'는 그리움을 늘상 끌어안은 채 생활하고 있는 셈이다.

열도를 둘러싼 바다에 의해 자연과 국토가 확보되어 있는 일본인의 경우 '우리들의 국가는 어디에 있는가' 따위의 의문을 가진 이들은 거의 없을 것이다. 그러나 국가를 잃어버리고 전세계로 뿔뿔이 흩어진 유대인의 경우 지금 살고 있는 국가에 대한 귀속의식은 거의 없다고 해도 과언이 아니다. 물론 미국에 살면 미국에 대한 애국심을 공유할 것이다. 하지만 '나는 미국 국민이기 이전에 유대인'이라는 의식이 강렬하게 작동한다.

국가라는 틀보다도 국경을 넘어선 가치를 중시하는 시점. 이것을 나는 '유대 글로벌리즘' 혹은 '유대 국제주의'라 부른다.

국민국가가 성립한 근대에 국경을 넘어선 개념을 제출한 사람들을 조사해보자. 예를 들어 "만국의 노동자여, 단결하라"라는 공산주의 사상에서 국제연대와 계급연대를 설파한 이는 누구인가? 아시다시피 카를 맑스다. 그는 앞의 농담에도 등장했듯이 유대인이다. 혹은 국제연맹과 국제연합. 이것도 유대인 사상가와 자본가에 의해 창조되고 추진된 것임은 역사가 증명한다. 『포린 어페어즈』(*Foreign Affairs*)라는 국제관계 잡지를 출판하는 미국의 CFR(외교협회)이라는 세계 유수의 싱크탱크 또한 수많은 유대인 출자자와 연구자에 의해 지탱되어왔다. 다국적기업의 경영자 중 유대인이 많은 것도 잘 알려진 사실이다.

이렇게 보면 CFR의 지원자이기도 한 유대계 미국인 투자가 조지 쏘로스(George Soros)가 국경 없는 금융시장에서 활약하는 동시에 폴란드의 '연대'(Solidarity)를 비롯해 세계의 여러 민주화운동 및 자유주의적 운동에 자금을 지원해온 것도 이상한 일이 아니다.

지금도 미국, 유럽, 일본 3국의 재계인회의에서 '이 사람 굉장히 열정적이네' 하고 느껴지는 사람들은 대부분이 유대계라 해도 과언이 아니다. 그들의 발상은 항상 국가라는 틀을 넘어서 있다.

무로부터 유를 창조하는 힘

또 하나의 기축인 '고부가가치주의'는, 바꾸어 말하자면 '무로부터 유를 창조하는 데 최대의 가치를 두는 관점'이라고 할 수 있다.

맹자의 어머니는 더 나은 교육환경을 위해 '맹모삼천'

했지만, 특히 자식들 교육에 대한 열정에서 유대인 어머니는 맹모에 뒤지지 않을 것이다. 생활이 아무리 힘들더라도, 어떤 역경에 처하더라도, 자식들 교육만큼은 심혈을 기울이기 때문이다.

그러나 유대인의 교육열은 살고 있는 지역에서 성공하기 위함이 아니다. 거꾸로다. 유랑의 민족 유대인에게는 그 땅의 자원이나 사물로 풍요로움을 확보하자는 발상이 없다. 어디로 흘러들어가든 활용할 수 있는 눈에 보이지 않는 가치, 즉 기술이나 정보를 습득함으로써 입신을 이루자는 것이 유대인이기 때문이다. 다시 말해 머리 하나로 '무로부터 유를 창조하고' 승부하자는 말이다. 그래서 과학기술이나 예술, 금융계뿐 아니라 의학과 법률 분야에서도 유대인은 세계에서 커다란 지분을 점해오고 있다.

예를 들어 미국에서도 아이비리그라 불리는 동부의 명문학교에서는 평균적으로 학생의 20퍼센트 이상이 유대계다. 물론 미국에는 전세계 1500만 유대인 중 40퍼센트에 상당하는 600만명의 유대인이 있지만, 미국 총인구에 비하면 겨우 3퍼센트에 지나지 않는 마이너리티다. 그럼에도 일류대학에서는 큰 비중을 차지한다. 얼마나 고학력 지향인지 잘 알 수 있다.

고학력자는 일반적으로 지식집약형 직업을 갖는다. 과학기술, 금융, 언론, 영화, 패션, 의사, 변호사 등등. 그 결과 수적인 마이너리티임에도 유대인은 강력한 정치적 영향력을 갖게 되었다. 워싱턴 최강의 로비단체 AIPAC(미국-이스라엘 공공문제위원회) 등이 유대계 조직인 것도 납득이 가는 대목이다.

참고로 '유대인의 적은 유대인'이라 할 정도로 유대인은 보통 도당(徒黨)을 짜는 것을 싫어한다. 그러나 일단 '이스라엘의 존속'에 관한 문제가 생기면 놀라울 정도의 결속력을 보인다.

세상에 널리 퍼진 '유대 음모론'은 유대인이 마치 버추얼 국가 싱가포르처럼 머리 하나로 살고자 했던(그렇게 안 하면 생존하지 못했다) 현실을 놓치고 있다. 그리고 어느새 오른쪽을 봐도 왼쪽을 봐도 존재하는 유대인의 영향력에 과잉반응하고 있을 뿐 아닌가 생각한다.

이들 유대인은 국가를 상실하고 이산과 유랑을 강요당하는 가운데 '국제주의'와 '고부가가치주의'라는 전략을 채택함으로써 살아남아 세계를 움직이는 존재가 된 것이지, 결코 유전적으로 특별히 우수했던 것은 아니다. 환경이 그렇게 만든 것이다.

유대인에 관한 이야기는 이쯤에서 마무리할까 한다. 마지막으로, 내가 이스라엘에 머물 때 사귄 이스라엘 유력잡지 편집장으로부터 들은 이야기를 소개해둔다.

러시아에서 온 그는 집안이 가난한 편이었다고 한다. 그래서 고등학교에 다닐 때 성적이 우수했음에도 대학진학을 포기하려 했다. 그런데 고교 교사가 "너라면 국가장학생으로 장학금을 받을 수 있으니, 신청해주겠다"며 도움을 자청했다. 그는 몹시 기뻐서 집으로 뛰어돌아가 아버지께 이 일을 말씀드렸다. 그런데 아버지는 기뻐하기는커녕 화를 버럭 내셨다고 한다. "국가에 빚을 지고 대학 따위 가지 마라." 그는 아버지의 이 말을 듣고 의기소침해졌다.

그러나 그에게 화를 버럭 낸 뒤 어딘가 외출했던 아버지가 돌아와서 이렇게 말씀하셨다. "돈은 내가 구해왔으니 이걸로 대학에 가라." 아버지의 손에는 대학입학에 충분한 돈다발이 들려 있었다. 어디서 난 거냐고 물으니 한벌밖에 없는 모피외투를 전당포에 맡기셨다고 했다. 이 일 자체도 그는 감사했지만 그것 이상으로 러시아의 추운 겨울을 코트 없이 지내면서도 한번도 "춥다"고 말한 적이 없는 아버지의 모습을 보고 그는 마음속 깊이 '열심히 공부해야지'라는 각오를 다지고 더욱 분발했다고 한다.

물론 과장된 연극 같은 이야기다. 그러나 나는 이 이야기를 듣고 감동받았고, 왜 유대인이 우수한지 그 까닭의 단편을 안 것 같은 기분이 들었다. 촌스러운 말이지만 인류사에 커다란 영향을 미친 유대적 사상의 근저에는 어떤 역경에도 꺾이지 않는 근성이 가로놓여 있다. 세계를 아는 힘의 원천은 이런 데에 있는 것이다.

4. 정보기술혁명의 의미

'IT혁명'이라는 패러다임 전환

지금까지 '세계를 알기' 위해 눈에 보이지 않는 네트워크에 착목하는 일이 중요하다는 걸 말했다. 네트워크형의 시야를 갖는다는 것은 얼핏 보면 따로따로인 듯 보이는 단편적 현상과 정보에 대해 '상관의 앎'을 작용시키는 일이다. 그것은 지리적인 네트워크나 경제적인 네트워크에만 국한되지 않는다. 기술의 상관에 대해서도 똑같이 말할 수 있다.

지금 미국 오바마 대통령이 미국경제의 재생을 위해 내건 '그린 뉴딜'(Green New Deal) 정책이 주목받고 있는데,

이에 관한 단편적인 정보가 전해올 뿐 도대체 무슨 이야기인지 모르는 사람이 많지 않을까 싶다. 그래서 시간을 거슬러올라가 '그린 뉴딜'(그린 이코노미)을 상관이라는 앎을 통해 어떻게 포착할 것인지, 그 사고의 프로세스를 제시하고자 한다.

시대는 1980년대 말까지 거슬러올라간다. 내가 1987년 봄에서 1997년 봄까지 10년간 미국 동부해안에서 일했으니 딱 그 초창기에 해당한다.

일본이 버블경제로 들뜬 80년대 말, 미국은 마치 미래가 없는 나라처럼 '쇠망론'이 널리 퍼져 있었다. 그도 그럴 것이 75년 싸이공 함락에 의해 베트남전쟁에서 패배한 이후 경제적·정신적으로 커다란 좌절을 맛본 미국이었다. 여기에 엎친 데 덮친 격으로 85년 플라자합의로 달러 가치가 급락해 막대한 무역적자와 재정적자가 병존하는 '쌍둥이 적자'에 시달렸다. 바로 그 시기에 쏘니가 컬럼비아영화사를 매수하고, 미쯔비시상사가 록펠러센터를 매수하는 등 '일본이 강해진 엔의 힘으로 미국땅을 모조리 사는 것 아닌가' 하는 논의가 진지하게 이뤄지기도 했다.

이토록 비관적이었던 미국이 그대로 쇠퇴하지 않았다는 것은 지금 모두 잘 알고 있는 바다. 오히려 90년대 10년 동안 놀랍게 부활하여 거꾸로 '우리 생애의 봄'을 구가하게 된다. 반대로 일본은 버블경제가 파탄하여 이른바 '잃어버린 10년'을 보내게 되고 말았다.

무엇이 미국을 부활시켰는가? 그것은 1990년경부터 시작된 'IT혁명'이었다.

정보통신기술 자체는 봉화(烽火)시대부터 끊임없이 개발되어왔다. 전신도 전화도 라디오도 모두 IT혁명이라면 IT혁명이다. 그러나 오늘날 사용하는 IT혁명이라는 말에는 '정보네트워크 기술혁명'이란 뜻이 새겨져 있다. 즉, 90년대에 혁명적인 네트워크 기술이 구축된 것을 가리켜 우리는 'IT혁명'이라 부르는 것이다. 그것을 단적으로 말하면, 인터넷의 등장이다.

인터넷이 혁명적이었던 까닭은 그 네트워크(기술)가 분산계이자 개방계였기 때문이다. 즉, 언제 어디서나 누구하고도 연결될 수 있는 네트워크였던 것이다.

사실, 그 기본개념은 사반세기 전에 이미 확립되어 있었다.

1962년 미 국방부의 요청으로 랜드연구소(RAND Corporation)의 폴 배런(Paul Baran)이라는 연구자가 분산된 이기종(異機種) 컴퓨터상에 네트워크를 짜려면 어떻게 하면 되는지 그 기본개념을 구축했던 것이다.

왜 미 국방부는 그런 네트워크를 필요로 했을까? 그때가 미·소 냉전이 한창이었던 때임을 생각하면 쉽게 답이 나온다. 냉전시대에는 아무리 우수한 집중관리 방위씨스템을 만들어냈다고 해도 소련으로부터 핵공격을 당하면 모든 방위씨스템이 무력화된다. 그런 사태를 피하기 위해서는 하나의 회로가 공격당해 차단되어도 문제없이 정보가 전달되는 씨스템이 필요했던 것이다. 그것이 분산계, 개방계로 불리는 정보네트워크 기술이었다.

그리하여 1969년, 미 국방부의 ARPA(고등연구계획국) 내에 이기종 컴퓨터 접속에 의한 실험 네트워크, ARPANET이 구축된다. ARPANET은 75년에 국방부의 DCA(국방통신국)로 이관되었고, 84년에는 민간연구자가 개발한 프로토콜 TCP/IP 기술과 결합하여 DDN(국방 데이터 네트워크)을 구축하게 된다. 이 시점에서 현재의 인터넷의 원형이 거의 만들어진 셈이다.

그렇다면 왜 90년대까지 인터넷의 등장을 기다려야 했을까? 냉전이 종결되어야 했기 때문이다. 생각해보면 베를린장벽이 붕괴하여 소련이 해체되는 식으로 냉전이 종식된 것은 IT혁명이 일어나는 데에 매우 큰 의미를 갖는다.

냉전 종결이 초읽기 단계에 다다른 90년 전후, 미국에서는 기술개발과 기술의 군민(軍民) 전환이 엄청난 양과 속도로 진척되었다. 그때까지 막대한 투자를 해왔던 고도의 군사기술을 민간용으로 전용해서 활용하자는 거였다. 그 일환으로 ARPANET도 기술과 설계가 개방되어 우선 학술 네트워크에, 이어 상업 네트워크로 링크되어 오늘날의 인터넷으로 발전한 것이다.

　결국 'IT혁명'은 냉전 후에 이뤄진 '미국 주도 군사기술의 패러다임 전환'에 의해 일어난 일이다. 군사기술의 민간 전용(轉用)은 피폐해졌던 미국경제에 단비처럼 자양분을 주었고 미국은 부활에 성공하게 된다.

암전하는 미국, 오바마 대통령의 등장

　'IT혁명을 주도하는 미국'이라는 말을 선전하여 온 세계로부터 젊은 연구자들을 씰리콘밸리로 끌어들임으로써 활기로 가득 찬 1990년대, "미국에서는 IT관련 기업이 차례차례 IPO(주식공개)에 성공하여 거대한 부를 축적했으니 당신도 나스닥(NASDAQ) 상장 가능성이 있는 기업에 투자하지 않으시렵니까?"라는 말을 여기저기서 듣곤 했다. 미국 국민은 IT붐이 21세기에도 지속될 거라 믿었지만 그렇게 되지는 않았다.

21세기 들어 '9·11'을 계기로 한 이라크전쟁이 모든 것을 바꾸고 말았다. 이라크전쟁에 의해 미국이 급격하게 쇠퇴하게 된 모습은 두가지 숫자를 거론하는 것으로 확인할 수 있다.

우선 미군 병사의 사망자 수. 4339명에 이른다. 아프가니스탄에서의 사망자를 포함하면 5161명에 다다른다(9·11로부터 9년째인 2009년 9월 10일 현재 기준). 9·11테러에 의한 희생자 총수 2982명을 훨씬 웃도는 숫자다. 19세기 100년간의 대외전쟁 사망자 수(약 4000명)를 불과 몇년 만에 상회한 것이다.

게다가 폭발적으로 부푼 전쟁비용이 있다. 이라크 개전으로부터 만 5년이 되기 직전(2008년 봄)에 출판된 『3조달러의 전쟁: 이라크 전비(戰費)의 진실』에서 저자 중 하나인 노벨경제학 수상자 조지프 E. 스티글리츠(Joseph E. Stiglitz)는 이라크전쟁 종결까지 3조달러의 전비가 필요할 것이라 내다봤다. 이미 1조달러를 넘는 전비가 사용되었는데, 이를 동일 시점의 화폐가치로 환산해 비교하면 12년 동안의 베트남전쟁 비용을 상회하며 한국전쟁의 두배 이상에 상당하는 액수라고 한다.

1975년의 싸이공 함락 이후 '베트남 신드롬'이란 말이 일상적으로 쓰일 정도로 미국은 상처를 입었다. 그러나 '이라크 신드롬'은 '베트남 신드롬'을 훨씬 웃돌 정도로 심각하게 미국을 마모시키고 있다. 부시 정권 8년 동안 미국은 '언젠가 걸어온 길'로 되돌아가고 만 것이다.

피폐해진 미국을 또 한번 덮친 것은 '악마의 금융상품'이라 불린 써브프라임 모기지론의 파탄으로 시작된 금융 불안의 격화다. 탐욕스러운 자본주의의 총본산이 되어버린 월가는 '금융공학의 진화'라는 미명하에 꼬일 대로 꼬인 금융상품을 만들어냈고, 세계의 과잉유동성을 끌어들여 그 리스크를 비대화시켰다. 그러나 결국 버티지 못하고 무너지고 말았다. 미국식 금융자본주의는 아직까지 방향을 잃어버린 채 표류하고 있다.

90년대에 IT혁명으로 부활한 미국은 21세기 들어 군사력을 과신한 나머지 탐욕스러운 금융자본주의로 빠져듦으로써 다시 마모되어 초조하기 짝이 없는 미국으로 전락해버린 것이다.

여기에 '다시 한번 미국의 부활'이라는 십자가를 짊어지고 등장한 것이 버락 오바마 대통령이다. 그는 이라크 전쟁에 반대하는 입장을 취함과 동시에 월가의 도를 넘어선 자본주의에 대해 매우 비판적인 입장을 취해왔다. 미국 국민은 미국을 암전시킨 '이라크'와 '써브프라임'에 '노 (No)!'를 외친 것이다.

취임연설에 담긴 메시지

그 오바마 대통령이 미국 재생을 걸고 전개하려는 것이 '그린 뉴딜'이다. 이 말 자체는 미디어가 만들어낸 것이지만 말하고자 하는 바는 명확하다. 대통령 취임연설에서 오바마는 이렇게 말했다.

"우리의 에너지 사용방법이 우리의 적을 강대하게 했고 지구를 위협하고 있다." 그러면서 그가 "그렇기 때문에"라고 강조한 것이 태양, 풍력, 바이오매스(biomass) 등의 재생가능 에너지로의 전환이었다. 자연에너지를 이용함으로써 미국의 에너지 이용 패러다임을 전환하자고 호소한 것이다.

이 에너지체계의 전환을 구현하는 정책이 '그린 뉴딜'인데, 그 내용을 보기 전에 지금 인용한 취임연설에 담긴 메시지를 조금 생각해보자.

우선 '적'이라는 말이다. '적'이란 구체적으로는 '불투명성이 높은 중동, 특히 이란 시아파 주도의 이슬람 원리주의 정권'과 '반미 색을 강화하고 있는 베네수엘라의 차베스 정권'을 지칭하는 것으로 보인다. 즉, 미국의 에너지 안전보장을 불안하게 하는 요소를 상징적으로 '적'이라 부른 셈이다.

미국은 얼마나 에너지에 불안을 느끼는가? 미국에서 소비되는 석유의 중동 의존도는 20퍼센트에도 못 미친다. 국내 생산이 40퍼센트, 중남미로부터의 수입이 40퍼센트로, 미주대륙에서만 80퍼센트는 충당하고 있는 셈이다. 물론 중동에서도 거대 석유기업을 통해 권익을 유지하고 있음은 두말할 필요도 없다(대조적으로 일본은 중동에 대한 석유의존도가 90퍼센트에 달한다. 중동으로부터의 석유수입이 중단되면 미국이 아니라 일본이 타격을 입는 셈이다).

그런데도 일부러 '적'이라는 말을 꺼내든 것은 미국의 지배하에 있던 베네수엘라의 차베스 정권이 엑슨모빌(Exxon Mobil Corporation) 자산을 접수하고 미국대사를 추방하는 등의 움직임을 보이면서 반미 색채를 강화하고 있기 때문이다. 에너지의 외부 의존도를 좀더 낮추고 에너지 안전보장을 더욱 강고하게 하자는 강력한 문제의식이 엿보이는 대목이다.

다음으로 "지구를 위협하고 있다"는 부분에도 주목해야

한다. 말할 필요도 없이 이는 지구환경문제를 지칭하는데, 부시 정권의 뒤를 이어 발언했다는 점에 의미가 있다. 즉, 부시 전 정권이 쿄오또의정서에서 이탈하여 환경에 관한 글로벌 수준의 룰 만들기에 뒤처진 데 대한 대항의식인 것이다. '미국은 글로벌한 환경 룰 만들기에서 리더십을 되찾아야 한다'는 오바마 정권의 결의 표명이라 할 수 있다.

5. 분산형 네트워크 사회로

태양, 풍력, 바이오매스

그렇다면 오바마 대통령이 취임연설에서 밝힌, "태양, 풍력, 바이오매스에 의한 에너지 공급력을 3년간 배로 증가시킨다"거나 "2020년까지 전력공급의 25퍼센트를 재생가능 에너지로 충당한다"는 목표는 과연 실현 가능한 것일까?

사실 전세계의 에너지전문가들은 대부분 회의적이다. 나 역시도 일본의 「신국가에너지전략」(2006년 5월 공표) 책정에 관계한 한 사람으로서 재생가능 에너지의 가능성을 특별히 강조하는 것이 과연 균형잡힌 에너지정책인지 의

문을 갖게 된다.

　다음 원그래프를 보자. 미국의 1차에너지 공급구조(2008년), 즉 전체 소비 에너지에 대한 에너지 종별 공급비율을 나타낸 것이다. 석유, 석탄, 천연가스 등 화석연료가 78.6퍼센트, 원자력이 11.5퍼센트이며, 수력과 지열을 포함한 재생가능 에너지의 비율은 9.9퍼센트에 지나지 않는다. 게다가 오바마 대통령이 특별히 열을 쏟고 있는 '태양광, 풍력, 바이오매스'는 그 내역을 보면, 태양광 0.1퍼센트, 풍력 0.7퍼센트, 바이오매스 5.3퍼센트(바이오매스만 비율이 높은 것은 옥수수로부터 추출한 에탄올을 휘발유에 혼입하여 차를 굴리는 일을 진척시켜왔기 때문이다)로 셋을 합쳐도 겨우 6.1퍼센트에 불과하다. 그런데도 오바마 정권은 이를 "3년간 배로 증가"시키겠다고 한다. 또 "2020년까지 전력 공급의 4분의 1을 태양, 풍력, 바이오매스를 중핵으로 하는 재생가능 에너지로 충당"하겠다고 한다.

　과연 이 목표치에 현실성은 있는 것일까? 많은 전문가는 "재생가능 에너지의 활용은 청량음료수같이 시원한 것이긴 하지만 결코 에너지의 주식은 아니다"라고 생각한다.

　비판의 논점은 한마디로 "재생가능 에너지는 소형 분산에 지나지 않고 비효율적"이라는 것이다. 태양광도 풍력도

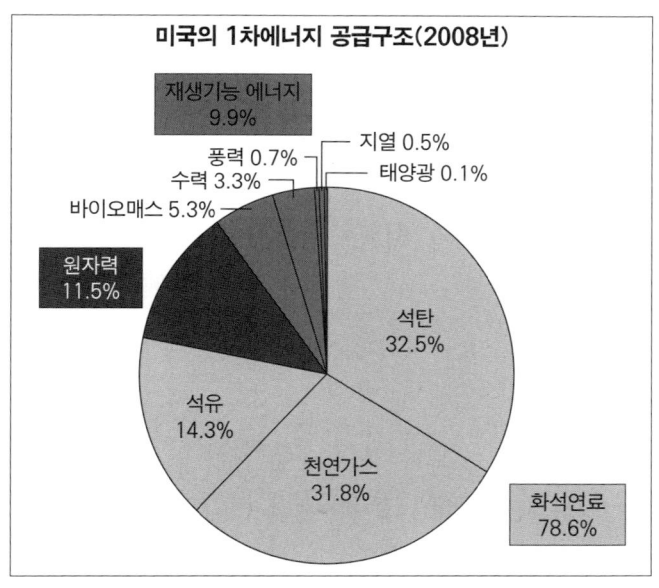

미국의 1차에너지 공급구조(2008년)

재생가능 에너지 9.9%

지열 0.5%
풍력 0.7%
태양광 0.1%
수력 3.3%
바이오매스 5.3%

원자력 11.5%

석탄 32.5%

석유 14.3%

천연가스 31.8%

화석연료 78.6%

가정이나 지역 수준에 걸맞은 발전(發電) 방법으로 소규모 분산형이다. 원자력발전소를 하나 짓는 것이 더 효율적이고 이산화탄소 삭감에도 효과적이라는 이야기다. 또 이미 유럽에서 시도된 바 있듯이 FIT(고정가격 매수제도)를 도입하여 재생가능 에너지로 생산한 전력을 전력회사가 높은 가격으로 사들이는 거래씨스템을 만들었다 해도 그 경비부담이 국민경제에 떠넘겨질 뿐이라는 지적도 있다.

상식적으로 생각하면 문제가 많은 정책론이며 지금까

지 북유럽이나 독일이 10년 이상 전에 시도해온 정책의 되풀이로 보이는 까닭이다.

오바마 대통령은 이상주의적이지만 공허한 선언으로 끝난 카터 대통령의 길을 갈 것인가, 아니면 뉴딜정책으로 세계공황의 바닥에서 미국을 강력하게 부활시킨 프랭클린 루스벨트 대통령의 길을 갈 것인가? 이러한 갈림길에 서 있다는 시각도 점점 강해지고 있는 형국이다.

그린 뉴딜은 IT혁명을 넘어설 수 있는가?

나는 '그린 뉴딜'이 공허한 이념으로 끝나지 않고 IT혁명처럼 문명의 패러다임을 바꿀 가능성을 지니고 있다고 본다. 아직 확신할 수는 없지만 그런 예감이 든다.

성공의 열쇠는 재생가능 에너지의 아킬레스건인 '소규모 분산형'에 있다.

이를 설명하기 전에 1970년대를 되돌아보고 싶다. 1970년대에도 재생에너지가 전세계에서 주목받은 시기가 있었다. 로마클럽(Roma Club)의 『성장의 한계』(1972) 등으로 세계적 규모의 자원고갈이 논의되기 시작한 때다. 재생가능 에너지의 가능성을 논한 로빈스(A. Lovins)의 『소프트 에너지의 길』(1977)은 환경문제에 관심있는 젊은이들의 바이블이 되기도 했다(나도 사회에 나와 처음으로 참가한 공부모임에서 이 책과 만나 재생가능 에너지에 큰 관심을 가졌다). 그러나 재생에너지에 대한 주목은 일회성 붐으로 끝나버렸다. 그 이유는 모터리제이션(motorization)을 지탱하는 에너지원(즉 휘발유로 달리는 자동차 사회를 전환시키는 에너지)이 될 수 없었기 때문이라고 나는 생각한다.

생각해보면 20세기 미국은 '자동차'와 '석유'를 연계시킴으로써 '미국의 세기'를 만들어냈다고 할 수 있다. T형 포드의 탄생 연도가 1908년이다. 석유를 태워 달리는 내연기관계 엔진을 실은 자동차를 대량생산·대량소비하는 경제사회의 시작이었다. 이에 앞서 1859년에 펜실베이니아에서 유전이 발견되어 1870년에 록펠러가 스탠더드오일사를 설립했다.

여담이지만 석유가 이용되기 전까지 미국의 밤거리를 밝힌 것은 고래기름이었다. 페리가 우라가에 내항한 시기는 포경이 가장 활발했던 때로 멜빌의 소설 『모비딕』에도 나오듯 보스턴 근교에서 연간 600척이나 되는 포경선이 대서양을 건너 인도양을 거쳐 태평양까지 건너와 고래를 잡았다. 유전의 발견으로 이런 상황이 일변한 셈이다.

석유자본은 석유시장의 안정적인 확대를 위해 자동차 산업에 대한 지원을 아끼지 않았다. 또 1939년(진주만 공격이 있기 2년 전) 뉴욕 만국박람회에 처음으로 등장한 나일론 양말은 눈 깜짝할 사이에 여성의 마음을 사로잡아 석유화학의 시대를 열어젖혔다.

이렇게 '자동차'와 '석유'를 상관(相關)시킴으로써, 나아가 석유화학을 통해 의료문화까지 바꿈으로써 미국은 계속 번영했고 세계를 이끌어왔다. 그렇기 때문에 그 구조가 흔들리지 않았던 70년대, 모터리제이션의 구조전환에 대응할 수 없었던 재생가능 에너지는 세상에 받아들여지지 않았던 것이다.

그러나 현재는 상황이 바뀐 것이 아닐까?

미국의 '최고 주요 산업'이라 여겨져온 자동차산업이 현재 커다란 전환기를 맞이하고 있음은 모두가 잘 아는 바다. 영광의 제너럴모터스(GM)조차도 정부가 60퍼센트를 출자하지 않으면 버틸 수 없는 파산법 적용 회사가 되어버렸다. 세계의 자동차 메이커는 하이브리드든 연료전지든 커다란 흐름으로는 전기로 움직이는 기계, 즉 전기자동차로 진로를 바꾸려 하고 있다. 이것이 70년대와 결정적으로 다른 점이다.

전기자동차에 전원을 공급하는 씨스템으로 재생가능 에너지의 가능성이 부상하고 있다. 물론 종래의 기간(基幹)계통 전력이 전기자동차 시대에도 주력이 될 것임은 틀림없는 사실이다. 그러나 '소규모 분산형'이라는 재생가능 에너지의 '아킬레스건'은 온갖 곳을 달리는 자동차에 대한 전력공급을 생각할 경우 오히려 강점으로 바뀔 수 있는 것 아닐까 생각해본다.

게다가 '스마트 그리드'(smart grid, 차세대 쌍방향 송전선망) 구상처럼 소규모 분산형 전원을 일일이 네트워크로 이음으로써 고효율 전력공급을 가능케 하는 연구개발도 진척되고 있다. 결국 태양광발전이나 풍력발전에 의해 각 가정이나 지역에서 소소하게 발전된 전기를, 남은 곳으로부터 필요한 곳으로 섬세하게 유통시키는 씨스템이 필요한 것이다. 무언가와 닮지 않았는가? 바로 인터넷이다. 실제로 미국의 스마트 그리드 계획에는 구글이 '구글 파워미터'라는 전력의 최적 수급관리씨스템 개발 역할로 참여하고 있다.

오바마 정권의 '그린 뉴딜' 정책이 '청량음료수'에 머물 것인지 아닌지는 수년 내에 명백해질 것이다. 열쇠는 기술의 상관이다. EV(전기자동차), RE(재생가능 에너지),

IT(정보기술) 기술이 잘 상관하고 상승한다면 엄청난 산업기술문명의 패러다임 전환이 가능할지 모른다. 즉, 지금까지 우리에게 익숙했던 대규모 집중형 문명체계에서 분산형 네트워크 사회로의 전환인 셈이다.

지금 세계는 초대국이 지배하던 냉전시대를 끝내고 여기저기 분산된 작은 부분이 네트워크화되어 상관됨으로써 전체로서 통합된 커다란 힘을 발휘하는 시대로 나아가고 있다. 대중화권의 네트워크 등은 그 전형이라 할 수 있다. 기술문명도 이 방향으로 진화하는 것은 아닐까? '그린 뉴딜' 정책이 미국의 재생만이 아니라 세계의 진로를 좌우할 수 있는 커다란 의미를 지니고 있는 듯 보이는 까닭이다.

세계의 흐름을 반영하는 일본 전후

그리고 지금 우리가 서 있는 곳

1. 2009년 여름, 자민당 대패의 의미

동서 냉전구조와 55년체제

'세계를 아는 힘'을 기르기 위해서는 평소에 역사적 시야를 갖고 사물을 바라보는 일이 중요하다.

2009년 8월 '격차사회(格差社會) 시정' '미국과 대등한 관계' 등을 호소한 민주당이 중의원선거에서 압승하여 하또야마(鳩山由紀夫) 정권이 탄생했다. 4년 전의 '우정(郵政)선거'에서 경쟁주의, 시장주의의 철저화를 내건 코이즈미(小泉純一郎) 자민당이 압승한 것도 지금으로서는 옛 이야기가 되어버렸다. 일본국민 또한 '변화'(change)를 선택한 것이다.

되돌아보면 전후 일본의 정치상황은 너무나도 투명하게 세계 조류를 반영하는 거울처럼 움직여왔다.

1955년부터 약 40년에 걸쳐 일본의 정치상황을 규정해온, 이른바 '55년체제'라는 틀 자체가 이미 동서 냉전시대를 반영한 것이었다. '55년체제'란 1955년에 일본사회당 좌우파가 재통일된 데 호응하여 보수 쪽도 일본민주당과 자유당이 합당하여 자유민주당을 결성함으로써 성립된 '자민당 대 사회당'이라는 대결구도를 말한다. 보수인 자민당의 결집축은 '개헌(자주헌법 제정), 안보유지'인 데 반해 혁신인 사회당의 결집축은 '호헌, 반안보'였다. 이후 일본의 정치는 이른바 '자본주의 대 사회주의'의 대리전쟁 같은 형태로 전개된다.

지금의 젊은이들은 상상하지 못할 만큼 1960~70년대에는 시민주의적·사회주의적인 사상이 하나의 축을 형성하고 있었다. 일례로, 60년 안보를 지탱한 베스트셀러로 마루야마 마사오(丸山眞男)의 『일본의 사상』(1961)을 들 수 있는데, 마루야마 마사오적인 시민주의가 많은 사람들의 마음을 사로잡은 한편, 젊은이들 사이에서는 맑스를 읽는 일(혹은 들은 이야기라도 아는 체하는 일)이 인텔리의 자격

같은 것이었다. '혁명'이라든가 '사회의 근원적·구조적 변혁' 따위의 말을 쓰면서 젊은이들이 침을 튀기며 토론하는 모습은 어느 찻집에서나 흔히 볼 수 있는 광경이었다.

55년체제 속에서 60년 안보나 70년 안보와 마주한 사람들은 모두 마음속으로 질문을 던지고 있었다. '자본주의체제는 모순이 심화되어 사회주의체제로 이행해가는 것 아닌가? 자본주의사회에 개혁의 여지는 과연 있을까?'라고 말이다. 이런 긴장감은 진지한 경영자들도 공유하고 있었다. 그들 또한 '물음의 대상은 자본주의의 존재방식이다. 우리는 어떤 자본주의를 목표로 할 것인가'라는 식으로 기업의 이익을 넘어 진지하게 고민하고 행동했던 것이다. 언제나 기업의 사회적 책임을 생각했던 시부사와 에이이찌(澁澤榮一)의 DNA를 이어받은 경영자들이라 해도 무방할 것이다. 그 대표격이 마쯔시따 코노스께(松下幸之助)였다. 그가 사회적으로 활발하게 발언한, 차세대 정치리더 육성을 목적으로 한 마쯔시따세이께이주꾸(松下政經塾)* 설립에 사재를 쏟아부은 것도 그런 맥락에서 파악해야 한다.

---

* 일본의 차세대 정치인을 양성하여 제2의 메이지유신을 일으키겠다는 목적으로 1979년 마쯔시따전기의 창업자 마쯔시따 코노스께가 사재를 출연해 세운 교육기관.

그러나 세상은 바뀌어가는 것이다. 나는 이른바 '전공투 세대'에 속한다. 좌익의 황금시대였다. 당시 운동에 참여하지 않았던 나는 '우익 질서파' 등으로 불렸다. 그러나 지금 와서는 '리버럴'(liberal)이라 간주된다. 나 자신의 정치적 입장(stance)은 달라지지 않았지만 냉전이 붕괴되면서 그렇게 된 것이다.

1989년에 베를린장벽이, 91년에는 소련이 붕괴하여 냉전은 종식을 맞이했다. 사회주의를 신봉하던 사람들에게는 충격 이외의 그 어떤 것도 아니었을 것이다. '본가'가 없어져버린 것이기에.

한편 경영자 측, 자본주의를 옹호해온 사람들에게도 소련의 붕괴는 상당한 충격이었음에 틀림없다. 「미꾸라지, 붕어」라는 노래는 아니지만, 어느 날 정신을 차려보니 봄이 되어 자연스럽게 머리 위의 얼음이 녹아내리듯, 그리도 무겁게 내리누르던 사회주의라는 망령이 없어졌으니 말이다.

'표류'를 시작한 90년대

이렇게 돌입한 냉전 후의 1990년대를 어떻게 봐야 할까? 나는 어떤 의미에서 일본의 정치가도 경영자도 '고요한 혼미' 속에서 길을 잃어버린 시대라고 생각한다. 냉전형 세계인식으로부터 벗어나지 못한 채 방향성이 정해지지 않은 '표류'를 시작한 것이 90년대였다.

1993년에 최후의 자민당 단독정권인 미야자와(宮澤喜一) 내각이 붕괴한 후 '55년체제'를 대신할 정치적 틀을 세우기 위해 일본의 정치가들은 '정계재편'이라는 이름의 합종연횡을 반복하게 된다. 93년에는 처음으로 비(非)자민 8당연립의 '호소까와(細川護熙) 연립정권'이 탄생했고, 뒤이어 자민당·사회당·신당사끼가께(新黨先驅)에 의해 '자사사(自社さ) 연립정권'이 수립됐으며, 자민당과 자유당의 연립정권인 '자자(自自) 연립정권'이 들어섰다. 여기에 공명당이 참가한 '자자공(自自公) 연립정권'이 뒤이어 태어났고, 자유당이 분열하여 보수당으로 탈바꿈함으로써 '자공보(自公保) 연립정권'이 수립됐다. 이렇게 현기증이 날 정도로 정권의 틀이 자주 바뀌었던 것이다. 겨우 7년 동안에 내각 총리대신에는 호소까와, 하따(羽田孜), 무라야마(村山富市), 하시모또(橋本龍太郎), 오부찌(小淵惠三), 모리(森喜朗) 등 6명이 취임했다. 이렇게 90년대는 지나갔다. 우리 일본인들은 진득하게 자세를 잡고 냉전 후 세계와 마주하는 태세를 갖추는 일도, 그 준비도 할 수 없는 채로 90년대를 '표류'해버린 것이다.

그렇다면 일본인이 '표류'하고 있을 동안 세계에서는 어떤 움직임이 있었는가?

90년대에는 '냉전의 승자 미국' '유일한 초강대국 미국' '미국의 일극지배, 달러의 일극지배 시대의 도래'라는 세계관이 널리 유포되었다. 마침 군사기술의 민간 전환에 의해 IT혁명이 일어나 미국경제가 부활한 시대이기도 했다. 이러한 미국식 자본주의의 세계화를 '글로벌리제이션'이라 하여 '일본의 기업도 미국형 경영방식을 배워야 한다'는 생각이 일본의 경영자들 머릿속에 각인되어갔다. 수식으로는 '1990년대＝IT혁명×글로벌리제이션'이라고 표기할 수 있을지도 모르겠다.

강박관념과도 같았던 '코이즈미 구조개혁'

1990년대, 혼미한 일본을 예측이라도 한 듯이 미국 클린턴 정권은 '연차개혁요망서(年次改革要望書)'라는 것을 일본에 내밀었다. 처음에는 무라야마 정권 때인 94년도였다. 내용인즉 금융을 시작으로 한 규제완화를 일본에 요구하는 것으로, 이른바 미국식 글로벌리제이션에 일본과 일본시장을 끌어들이려는 시도였다.

이후 '개혁'이라는 말이 빈번하게 등장하게 된다. 냉전시대에는 '개혁'이라는 말이 '혁명' '변혁' 등 사회주의 진영의 상투어였으나, 90년대 후반 '개혁'을 소리높여 외친것은 정부 자민당이었다.

단, 이때 실행된 '개혁'이 얼마나 내용 없는 것이었는지는 호소까와 내각의 '정치개혁'과 97년 하시모또 내각의 '행정개혁'을 보면 알 수 있다. 정치개혁은 소선거구 비례대표 병립제라는 선거제도의 소극적 수정에 지나지 않았고, 행정개혁은 성청(省廳) 재편으로 이름만 바꿔 실질적으로는 아무런 효과 없는 개혁이었기에 그렇다. 행정개혁을 진심으로 실시하고자 했다면 공무원 개혁을 빼고는 할수 없었을 터이다. '파업권 없는 대신 실업도 없다'는 공무원의 존재방식 자체를 바꾸지 않으면 행정조직이 안고 있는 문제를 근본적으로 해결할 수 없다는 건 누가 보아도 명백한 사실이었기 때문이다.

그럼에도 정부는 지겨울 정도로 '개혁'을 입에 담았다. 미국의 '연차개혁요망서'가 '개혁하라'고 압박했기 때문이다. 그 '요망'이 한층 더 가혹해지는 것이 2001년 대일요망 '규제개혁 및 경쟁정책 이니셔티브'였다. 제목에서 상상할 수 있듯이 내용은 외국기업(즉 미국기업)도 자유롭게 참여할 수 있는 경쟁주의, 시장주의를 철저히 시행하는 국가로 탈바꿈해줬으면 한다는 것이었다.

이렇게 시장주의 예찬의 흐름 속에서 등장한 것이 2001년 4월에 탄생한 코이즈미 정권이었다. '코이즈미 구조개혁'은, 그야말로 2001년 대일 요망에 부합하기 위해 일본을 시장주의 원리로 '개혁'하는 것을 의미했다. 코이즈미 정권은 세계적 흐름으로부터 반바퀴 정도 늦은 타이밍으로 '일본을 미국 같은 나라로 바꾸어나가야 한다'고 강박적으로 생각했고, 미국의 요구에 따라 규제완화와 민영화를 추진해나갔던 것이다.

코이즈미 구조개혁이 '우정(郵政) 민영화야말로 구조개혁의 본령'이라는 기묘한 논리로 실행된 것은 왜일까? 그것은 그들의 '개혁'이 '어떻게든 개혁하지 않으면'이란 강박관념에 가까운 환상에 지나지 않았기 때문이다. 환상에 기초한 '개혁'에 명확한 비전이 그려질 리 없다. 이렇게 일본정치는 90년대 중반부터 '개혁' 환상에 의한 '표류'를 계속해왔던 것이다.

민주당정권 탄생이 의미하는 것

왜 일본정부는 미국의 '개혁 요망'에 말려들어간 것일

까? 그 밑바탕에 냉전 후의 세계인식, 즉 미국 일극지배 시대라는 세계관과 미국에 대한 과잉기대가 존재했기 때문이다.

1997년 하시모또 내각은 '아시아에서 냉전은 끝나지 않았다'는 인식 아래 '미일방위협력을 위한 지침(가이드라인)'을 수정하여 미군의 병참, 정보 기능을 자위대가 분담하는 '신 가이드라인'을 결정한다. 여기에서 주목할 것은 미일안보의 '극동조항'을 확대 해석한 것이다. 즉, 안보대상이 되는 지역을 극동으로 한정했던 '극동조항'을 '사태의 성격'에 따라 판단하는 형식으로 바꿔 일본의 안전에 관계된 일이라면 중동에서 일어난 사태라도 행동(action)을 취할 수 있는 방식으로 탈바꿈시킨 것이다.

다시 말해 냉전의 산물인 미일안보조약을 재검토하는 대신 오히려 미일동맹을 강화한 것이다. 이 사례 하나를 놓고 보더라도 일본정치가 90년대 중반을 넘어서까지도 냉전형 세계인식으로부터 벗어나지 못했음을 알 수 있다.

오히려 '미국과 함께 가는 것이 일본의 이익'이라는 대미 협조노선이 과도하게 강조된 것이 90년대 후반이었다고도 할 수 있다.

'미국을 따라가는 것 외에 일본의 선택지는 없다'는 강박은 21세기에도 계승되어 '9·11'이라는 충격적인 사건과 조우함으로써 미국에 대한 과잉의존, 과잉기대가 더욱 팽창하게 된다. 그 결과 이라크전쟁에 가담하고 금융자본주의의 왜곡까지도 공유하는 나라로 일본은 바뀌어간다.

부시 전 대통령과 함께한 8년 동안 일본은 미국에 대한 과잉기대 속에서 명백한 사고정지 상태에 빠져들었다. 사고정지 상태에 빠져듦으로써 냉전 후의 세계를 제대로 보지 못했던 셈이다.

아소(麻生太郎) 전 수상이 외무성장관 시절에 제안한 '자유와 번영의 호(弧)'도 그 예의 하나다. 발트해 국가에서부터 동아시아에 이르는 민주주의국가의 연대를 강화하여 유라시아대륙의 안전보장으로 연결시키자는 구상이었는데, 삐딱하게 보면 미국과 연대하여 중국과 러시아를 포위하자는 '가치관 외교'로도 간주될 수 있는 냉전시대적 발상의 산물에 다름 아니다. 또는 자민당정권 최종국면에서 제출된 '안전보장과 방위력에 관한 간담회' 보고서 또한 집단적 안전보장체제로 전환함으로써 미일 제휴를 통해 북한의 위협, 나아가 중국의 위협에 대항하자는 구태의연한 발상이 지배하고 있었다.

일본은 90년대 이후 거의 20년 동안 냉전 후의 세계를 제대로 파악하려는 관점을 갖지 못한 채 '표류'에 '표류'를 거듭하며 사고정지 상태로 빠져들고 만 것이다.

그러나 시대는 또다시 변화한다. 이미 말했듯이 '이라크'와 '써브프라임'으로 '미국 일극지배'의 만능시대는 지나갔다. 미국 자신이 '체인지'라고 외치기 시작했고 '신자유주의'라 불린 시장원리주의와 결별하려 하고 있다. 소련이 붕괴하여 사회주의자들이 '본가'를 잃어버렸던 것처럼, 이번에는 경쟁주의·시장주의의 신봉자들이 '본가'를 잃어버린 셈이다.

그들의 말은 갑자기 설득력을 잃었고 일본국민은 '코이즈미 구조개혁'으로 잃어버린 것을 직시하여 시장주의·경쟁주의를 금과옥조로 하는 정치에 '노'(No)라고 외쳤다. 이것이 민주당정권 탄생이 의미하는 바다. 생각해보면 아소 전 수상이 중의원선거에 임하여 '시장원리주의와의 결별'을 선언한 단계에서 자민당정권의 정당성은 자기부정되었던 셈이다.

지금 일본은 드디어 '개혁' 환상으로부터 해방되려 하고 있다. 단, 미국을 흉내내어 '체인지'라고 외치기는 했지만 '신자유주의'와 결별하고 앞으로 어떤 꽃을 피울 것인지에 대해서는 아직 책임있는 답이 제시되지 않았다. 자본주의의 존재양식은 지금도 물음의 대상이기를 멈추지 않고 있는 것이다.

2. 미중관계: 전후 일본의 사각(死角)

미일관계는 미중관계다

21세기에 일본이 나아가야 할 항로를 생각할 때 머리에 떠오를 수밖에 없는 말이 하나 있다. 바로 '미일관계는 미중관계'라는 말이다.

이 말은 전쟁 중 국제파 저널리스트로 활약했고 전후에는 미국학회 회장으로서, 그리고 롯뽄기(六本木)에 있는 국제문화회관 이사장으로서 일본의 국제교류에 크게 기여한 마쯔모또 시게하루(松本重治)가 30년쯤 전에 『상하이 시대』라는 저서에서 한 말이다.

평생 중국을 관찰했던 마쯔모또는 미일관계가 양국만으로 완결되는 것이 아니라 종국에는 항상 중국이라는 요소와 얽히게 된다는 사실을 꿰뚫어보고 있었다.

그러나 전후 일본은 대미의존에 깊이 빠져든 탓에 그 배후에 미중관계가 있다는 중요한 사실을 인식하지 못한 채

살아왔다.

아마 마쯔모또는 그런 전후 일본인에 대한 '유언'으로
서 수수께끼처럼 이 말을 한 건지도 모르겠다. 그렇게 생
각될 정도로 '미일관계는 미중관계'라는 구도는 오늘날에
도 유효할 뿐 아니라 미중관계의 긴밀도가 미일관계에 점
점 더 중대한 영향을 미치는 국면을 맞이하고 있다.

상사상애(相思相愛)에서 시작했다

미국이 아시아에 처음 등장한 것은 1853년이다. 페리의
우라가 내항 때다. 이미 영국은 아편전쟁(1840~42)의 승리
로 청과 불평등조약을 체결한 바 있다. 그러니 미국은 상
당히 후발주자였던 셈이다. 게다가 실제 아시아에 본격적
으로 진출하는 것은, 1898년의 미서전쟁에서 에스빠냐에
승리하여 괌과 필리핀제도를 손에 넣은 다음이었다. 그때
까지 45년 동안 미국은 남북전쟁이라는 국내 분쟁 때문에
아시아에 진출할 여력 따위는 없었던 것이다.

이 사이 중국을 비롯한 아시아는 유럽 제국주의 열강의
먹잇감이 되고 있었다. 미국이 필리핀에 진출하기 직전에
는 일본까지 청일전쟁에서 승리함으로써 제국주의 열강
대열에 진입하여 그때까지 2000년에 걸친 중국 숭배에서

중국 멸시로 입장을 180도 바꾼 바 있다.

즉 미국은 일본이 진출한 직후에, 유럽제국도 일본도 아닌 제3의 열강으로서 아시아에 진출한 것이다. 그리고 여기에 20세기 미일관계의 비극의 원천이 있다고 해도 과언이 아니다.

왜냐하면 똑같은 제국주의 열강이기는 하지만 미국의 진출은 중국인들에게 환영할 만한 일이었기 때문이다. 신규 참입자(參入者)일수록 이상주의를 주창하는 것은, 어떤 시대에 어떤 세계에서도 변하지 않는 진리다. 아시아에서 신규 참입자였던 미국 또한 중국정책으로 '문호개방, 기회균등'이라는 이상을 주창했다. 중국으로서는 유럽이나 일본을 견제하기 위해 충분히 활용할 만한 카드였다.

미국만은 이른바 '상사상애(相思相愛)'의 관계로서 중국에 받아들여졌던 셈이다. 여담이지만 중국어로는 미국을 '美國'이라 표기한다. '메이궈'라는 음에 한자를 가차(假借)한 것이지만, 부정적 이미지가 있었다면 이런 한자는 사용하지 않았을 것이다.

이렇게 하여 20세기 일본은 꼬일 대로 꼬인 끈처럼 복잡한 미국과 중국의 관계 속에서 살아나가야만 했다. 태평양전쟁도 이른바 일본과 미국의 중국을 둘러싼 대결이라 해도 과언이 아니니 말이다.

미디어의 제왕 헨리 루스

20세기 미·일·중 삼국관계에 큰 영향을 미친 인물을 한 사람 들라면 나는 주저없이 타임워너사의 창립자 헨리 루스(Henry R. Luce)를 거론할 것이다. 『타임』(1923~), 『포춘』(1930~), 『라이프』(1936~)를 창간했고, 한세대 만에 미국 잡지문화를 만들어내 '미디어의 제왕'이라 불린 인물이다.

그는 미국이 미서전쟁에서 승리한 1898년, 중국 산둥성의 시골마을에서 태어났다. 일년 전, 아버지인 헨리 윈터즈 루스가 장로파 기독교회 선교사로서 기독교 민주주의 교리하에 교육사업을 하기 위해 부인과 함께 중국에 왔기 때문이다. 당시 미국은 '확장주의 시대'라 불리는 해외발전의 시대를 맞이하고 있었다. 남북전쟁 후의 혼란이 수습되고 서해안 개척도 일단락되어 프런티어(frontier)를 태평양에서 발견하려는 시대로 돌입했던 것이다. 그리고 20세기 초에는 영국, 러시아에 이은 제3위의 해군국가가 되어 있었다.

루스는 산둥반도에서 열네살까지 살았다. 결코 목가적 시대는 아니었다. 루스가 두살이던 1900년에는 배외적 테러리스트 결사가 열강과 기독교 진출에 반발하여 다수의 외국인을 살해하는 '의화단사건'의 바람이 거세게 불었다. 이 움직임은 중국인의 울분에 찬 불만과 증오로 옮겨가 '북청사변'이라는 국제적 사건으로까지 확대된다. 그해 여름까지 학살된 기독교 선교사가 약 2000명, 기독교 개종자는 약 3만명에 달한다고 전해진다. 루스네 가족도 한국의 서울에서 어쩔 수 없이 3개월간 망명생활을 해야만 했다.

그럼에도 그는 중국에 대해 강한 애착을 갖고 자랐다. 귀국 후 예일대학 학생이 된 루스의 눈에 1차대전 후의 베르사유 회의에서 어부지리를 취하듯 산둥반도의 권익을 앗아간 일본의 모습이 '증오할 적'으로 비친 것도 이상한 일이 아니었던 셈이다. 실제로 루스는 스스로 창간한 미디어를 활용해 미일전쟁을 염두에 두고 1930년대의 미국 여론을 '반일, 친중국'으로 변화시켜간다.

결정타는 1937년 중일전쟁이 발발한 이후 1938년 봄 『라이프』지에 등장한 한장의 사진이었다. "일본에 의한 상하이 폭격 직후 패닉과 파괴 속에서 홀로 울부짖는 유아의 사진"이라는 설명이 붙은 이 사진은 『라이프』만이 아니라 신문, 잡지, 영화관의 스크린에 몇번이고 등장하게 된다. 일설에 의하면 1억 3600만명의 미국인이 이 사진을 봤다고 한다.

"비참한 중국을 구하고 잔학한 일본을 응징한다"는 루스의 캠페인은 자신이 소유한 미디어의 주장으로만 그치지 않았다. UCR(United China Relief)이나 CDS(China Defense Supplies) 등 당시의 중국 지원활동, 즉 차이나로비(China Lobby)의 자금원조를 통해 장 제스(蔣介石) 국민정부를 지원하는 미합중국 의용군 '플라잉 타이거즈'(Flying Tigers)에 일본군기 격추를 독려하는 포상금을 지원하기도 했다. 진주만 습격으로 미국과 일본이 개전에 돌입하기 훨씬 이전부터 미국은 '의용군' '자금원'이라는 형식으로 장 제스를 지원했던 것이다.

이러한 지원을 받아들이는 중국 측 창구가 된 것은 쑨원의 부인 쑹 칭링(宋慶齡)의 동생이자, 장 제스의 부인 쑹 메이링(宋美齡)의 오빠인 쑹 쯔원(宋子文)이었다. 하바드대학을 나와 국민정부의 재무부장을 역임한 쑹 쯔원에 대해, 루스는 1932년의 첫 만남 이후 한결같이 지원의 입장을 바꾸지 않았다. 쑹 쯔원 또한 프랭클린 루스벨트와 오랜 친구 사이였던 덕분에 워싱턴 인맥을 동원하여 막대한 중국 지원자금을 조달할 수 있었다. 루스의 지원활동은 여기에 그치지 않고, '미국에서 교육을 받은 중국의 히로인' 쑹 메이링이 미국 연방의회에서 항일전에 대한 원조를 호소하는 연설을 할 수 있도록 하는 등 '반일, 친중국' 캠페인을 전방위로 전개했다. 루스의『타임』지가 쑹 메이링을 표지모델로 삼은 것도 이 시기다. 전쟁기간에 미국정부가 중국에 지원한 자금의 총액은 3억 8000만달러에 달한다고 한다. 오늘날의 가치로 환산하면 200억달러가 넘는 금액이다.

'두개의 중국'이 일본에 전후 복구를 가져다주었다

미국과 중국이 연대하여 일본을 쓰러뜨린 것이 바로 태평양전쟁이었다. 루스의 집념은 이로써 열매를 맺은 듯 보였다. 그러나 전후, 사태는 일변한다. 국민당과 소련의 원조를 받은 중국공산당 사이에 국공내전이 일어났기 때문이다.

미국 대통령은 장 제스와 거리를 두는 트루먼으로 바뀌어 있었다. 1949년, 장 제스의 국민당은 중국공산당에 쫓겨 타이완으로 천도할 수밖에 없는 처지에 놓였다. 한편 내전에 승리한 중국공산당은 베이징을 수도로 하는 중화인민공화국의 성립을 선언한다. 중국이 두개로 나뉜 것이다.

전쟁 중의 미중관계를 조심스레 지켜보던 영국은 즉각 마오 쩌둥(毛澤東)의 중화인민공화국을 '중국의 정통 정부'로 승인했다. 그러나 미국에서는 루스로 대표되는 '장 제스 지원의 타이완 로비'가 차이나로비의 주류였다. 중화 인민공화국을 정통 정부로 승인할 수는 없었던 것이다. 뒤이은 1950년에는 한국전쟁이 발발했다. 일본을 배척함으로써 안정되어야 할 동아시아가 동서대립의 주전장으로 탈바꿈한 것이다.

여기에 이르러 루스를 필두로 하는 미국의 차이나로비는 아이러니한 결단을 강요당하게 된다. "공산 중국을 봉쇄하기 위해서는 일본을 서방 측 진영으로 끌어들여 복구시켜야 한다"는 결단 말이다. 이렇게 하여 일본 복구 씨나리오가 작동하기 시작한다.

1951년에 쌘프란시스코 강화조약과 구 미일안보조약이 체결된 것도 바로 이런 역학이 작용한 결과다. 만약 장 제스가 중국 전역을 장악했다면 아시아의 질서는 승전국 미국과 중국에 의해 완전히 장악되었을 것이고 일본의 복구와 성장은 30년 이상 늦어졌을 것이 틀림없다. 미국의 막대한 투자와 지원은 중국 본토로 향했을 것이기 때문이다. 결과로서 미국과 공산 중국의 국교정상화는 1972년의 닉슨 방중을 기다려야만 했다. (참고로 루스는 닉슨 방중 5년 전에 세상을 떴다. 중국과의 국교 수립은 79년 카터 정권

때의 일이다.) 이 사이 미국의 대중국 정책은 혼란에 혼란을 거듭했다. 이런 미중관계의 혼란이 있었기에 일본은 복구와 고도경제성장을 이룰 수 있었던 것이다. 미국의 닉슨 방중과 일본의 전후 고도경제성장의 종언이 거의 시기를 같이하는 것은 우연이 아닌 셈이다.

아시아태평양은 '상대화'의 시대에 돌입했다

모세의 '갈대바다의 기적'은 아니지만 바다가 두개로 나뉘듯 중국이 두개로 나뉨으로써 일본의 복구와 성장의 길이 열렸다. 물론 일본인의 근면함이나 기술력을 부정할 필요는 없다. 그러나 우리는 20세기 초부터 계속된 밀접한 미중관계가 있었기에 전쟁 중의 비극적인 미일관계가 초래되었다는 사실을, 그리고 전후에는 미중관계의 혼란이 있었기에 미일동맹이 태어났다는 사실을 잊어서는 안 된다. 그야말로 '미일관계는 미중관계'로서 전개되어왔기 때문이다.

그런데 전후 일본인은 어느샌가 '미국의 아시아정책은 언제나 일본을 기축으로 한다'는 환상에 사로잡히고 말았다. 그래서 '일본의 힘으로 새로운 위협인 중국과 대치하자' 따위의 역사인식을 결여한 천박하기 그지없는 논의가 등장하는 것이다.

세계의 실체적인 'G2화'라고 불릴 정도로 중국이 대국화한 현재, 미국의 중국에 대한 관심은 필연적으로 높아질 수밖에 없다. 시장의 크기 하나만 보아도 미국 국내의 고용문제와 직결되기 때문이다. 미국으로서는 일본도 중요하지만 중국도 중요하다. 미국에게 아시아태평양의 게임은 동맹국 일본을 기축으로 한 시대에서 일본도 중국도 중요하다는 상대적 게임으로 본질적인 변화를 맞이했다.

우리 일본인들도 미·일·중의 삼각형 안에서 세계를 인식하는 일을 항상 상기해야 할 것이다.

3. 일본은 '분산형 네트워크 혁명'을 견뎌낼 수 있는가?

두개의 글로벌리즘

이 장 1절에서 글로벌리즘이라는 말이 나와 2장 3절에서 다룬 '유대적 사고' 이야기가 생각난 사람도 있을 텐데, 그 기축이 '국제주의'와 '고부가가치주의'에 있음은 이미 지적한 바다. 이 두가지 가치관(혹은 이데올로기)이 1990

년대 이후 세계의 사조를 이끌어온 것은 틀림없다. 즉, 냉전 후의 세계는 생각해보면 '유대적 사고'로 견인되어왔다고도 할 수 있는 것이다.

그러나 글로벌리즘이라는 가치관은 일정한 성과를 올린 한편, 지금 '써브프라임' 문제 등을 계기로 막다른 골목에 다다른 상황이다. 90년대에 유행한 '글로벌리즘'은 '미국식 자본주의의 세계화'를 말만 바꿔 표현한 것에 지나지 않았던 것이다. 그런 와중에 최근 진정한 의미에서의 글로벌리제이션, 즉 지구상의 국가·지역·민족 모두 참가할 수 있고, 누구나가 자기주장을 펼 수 있는 글로벌리제이션이 모색되고 있다. G8에서 G20으로 확대되는 등 '다극화'라 불리는 흐름 등은 그런 사례 중 하나라 할 수 있다.

한편 지금도 초강대국 중심의 거대역학을 통해 세계를 바라보는 시각이 있다. 그런 시각에 따르면 현재는 다극화 속에서 '실체적 G2화'가 이뤄지는 시대라 할 수 있다. 미국의 일극지배가 붕괴한 후 중국의 존재가 급격하게 중요해져 미국과 중국이라는 두개의 초강대국(G2)이 주도하는 형태로 세계의 틀이 만들어지고 있다는 시각이다. 이미 말했듯이 미중관계에 큰 영향을 받을 수밖에 없는 일본으로서는 G2로 불리는 상황에 어떻게 대응할 것인지가 중대한 문제가 아닐 수 없다.

하지만 앞에서 되풀이했듯이 현대세계는 국민국가 수준에서만 보면 보이지 않는 게 더 많다. 미국과 중국에 의한 G2화라는 논의도 네트워크형 시각으로 보면 전혀 다르게 비쳐진다. 중국에 관해 말하자면, 대중화권이라는 보이지 않는 네트워크를 통해 세계에 영향력을 확대해나가는 모습이 보인다. 미국도 유대인 네트워크를 매개로 하여(혹은 거꾸로 유대인이 미국이라는 국가를 매개로 하여) 국경을 넘어선 역학을 세계에 침투시켜나가는 모습을 볼 수 있다. 게다가 이런 흐름에 대해 이상할 정도로 긴장감과 긴박감을 갖고 대응하는 이슬람세계의 존재도 눈에 들어온다.

이렇듯 복잡하게 얽힌 상관관계 속에서 국경을 넘어선 네트워크가 세계를 움직이고 있는 것이 21세기의 구도가 아닐까? 그 속에서 일본은 무엇을 목표로 삼아야 할 것인가? 이미 세계의 조류는 예전의 '냉전시대'나 '미국 일극 지배 시대'같이 단순하지 않다. 중층적으로 '세계를 아는 힘'이 일본인 모두에게 요청되고 있는 것이다.

일본의 '국제화'는 후퇴하고 있다

세계 자체가 '다극화'하는 가운데 네트워크를 형성할

수 있는 나라나 지역만이 힘을 발휘할 수 있는 시대로 현실은 바뀌어가고 있다. 정보세계의 인터넷뿐만 아니라 앞장에서 다룬 '그린 뉴딜'에서 언급했듯이 환경에너지 등 우리 생활 전반에 걸친 영역에서 기술문명의 분산형 네트워크 혁명이 일어나려 하고 있는 것이다. 이런 상황에서 과연 일본은 '분산형 네트워크 혁명'이라 불릴 시대의 조류를 견뎌낼 수 있을까?

'안행형태론(雁行形態論)'이라는 경제학 이론이 있다. 경제후발국에서 처음엔 소비재를 수입해 쓰지만 오래지 않아 국내 생산 및 수출로 나아가고, 다음으로 생산재에서도 이와 똑같은 순서를 밟음으로써 경제성장을 이룬다는 학설이다. 다시 말해 기러기(雁)가 열을 맞춰 비행하는 것처럼 발전도상국은 선진국의 뒤를 순서대로 따르게 된다는 것이다. 전후 아시아의 경제발전은 그야말로 이런 메커니즘으로 진행되었다고 볼 수 있다. 일본이 선두를 이루고 이에 뒤따라 중진공업국을 의미하는 NIES가, NIES를 쫓아 중국과 인도가 기러기처럼 열을 이뤄 비행하듯 순서대로 발전을 이뤘다고 말할 수 있는 것이다.

그러나 현재의 아시아를 포착할 때 '안행형태론'은 더 이상 유용한 관점이라 할 수 없다. 왜냐하면 어떤 나라가 선두에 서서 아시아 전체를 이끄는 시대가 아니기 때문이다. 또한 각각이 크기도 성능도 다른 엔진을 탑재하여, 서로의 상관관계 속에서 씨너지를 높이는 과정에 있기 때문이다. 예를 들어 동아시아에서의 역내 무역비율을 보면 20년 전에는 30퍼센트 정도였던 것이 10년 전에는 40퍼센트로, 그리고 현재는 50퍼센트에 육박하려 한다. 예전에 시장의 최종목적지를 미국으로 삼았던 아시아경제가 이제 서로 간에 활발한 무역을 펼칠 정도로 네트워크형 상관관계 속에서 성장해온 증거다. 분산형 네트워크 사회로의 이행은 아시아경제에서 이미 일어나고 있는 셈이다.

그런데 일본의 현상황을 보면 이런 시대의 흐름에 대응할 수 있는지 몹시 염려된다. 왜냐하면 최근 10년 정도 일본의 '국제화'는 오히려 후퇴를 거듭했기 때문이다. 예를 들어 전세계의 일본인학교 학생 총수는 그 수가 가장 많았던 1997년을 경계로 하여 해를 거듭할수록 감소 추세에 있다. 아시아 통화위기를 계기로 아시아에서 철수하는 기업이 늘어났기 때문이다. '귀국 자녀'라는 말도 어느샌가 들리지 않게 되었다. 일본으로부터의 출국자 수도 1782만명이라는 피크에 달한 것이 거의 10년 전인 2000년이다. 2008년은 1599만명이었다. '국제화'가 진행 중이라고 생각했는데 어느샌가 일본은 내향적으로 바뀌어 있었던 것이다.

'분산형 네트워크 시대'에 일본을 부상시킨다

그럼에도 나는 일본의 미래를 결코 비관하지 않는다. '분산형 네트워크' 사회로의 패러다임 전환은 오히려 일본의 가능성을 개발한다고 생각하기 때문이다.

예를 들어 지구환경문제가 심각해지는 가운데 일본에서도 '세개의 R'이라는 말을 자주 듣게 되었다. 즉, 리듀스(Reduce, 쓰레기 절감), 리유즈(Reuse, 제품의 재사용), 리싸이클(Recycle, 쓰레기의 재자원화)이라는 세가지 R이다. 자원, 생산물과 쓰레기를 대립 개념으로 파악하던 대량생산-대량소비형 사회로부터, 각각이 원을 그리듯 순환하여 자원이 유효하게 이용되는 사회, 즉 순환형 사회로의 이행을 목표로 하는 키워드임에 틀림없다.

'세개의 R'이라는 개념은 서양에서 생겨난 것이지만 사실 우리 일본인과 동양인들에게는 아주 당연한 것이라 할 수 있다.

예를 들어 리유즈(Reuse). 원래 '아깝다' 정신이 예부터 몸에 밴 일본인에게 구태여 말하지 않아도 되는 슬로건이다. 혹은 리사이클(Recycle). 예부터 불교를 통해 윤회전생의 생각이 DNA적으로 각인되어 있는 동양인에게는 별로 새로운 개념이 아닐 터이다.

원래 동양사상은 원융자재(圓融自在)를 중심축으로 삼아왔다. 스즈끼 다이세쯔에 따르면 서양적인 사고방식은 분별적 지성이라 '나누어 제어한다'. 즉, 주객(주관과 객관, 주체와 객체)을 분별함으로써 앎의 성립을 꾀하는 사고다. 이로부터 일반화·개념화·추상화라는 체계가 태어나, 그 결과 공업화나 산업화가 성공리에 전개되는 토양을 마련했다. 반면 동양적인 사고방식은 대립 개념을 피해 주객 미분화(未分化)인 채로 '무분별의 분별'을 통해 원융자재로 전체를 파악하는 지성이다. 서양과 진지하게 마주하면서도 논리 만능의 분단적 지성에는 한계가 있다는 사실을 다이세쯔는 꿰뚫어보고 있었던 것이다.

주객 미분화라고 하면 불분명하고 애매하게 들리겠지만 지금 세계가 향하고자 하는 사고형태, 소규모·분산형 네트워크 사회야말로 '원융자재'가 아닐까? 냉전형 세계인식이라는 이항대립적 발상의 족쇄에서 해방되기만 하면 동양사상을 긴 역사 시간을 거쳐 체내에 축적한 일본인에게는 더할 나위 없이 좋은 활약무대가 준비되어 있는 것이다. 이런 생각이 든다.

또 하나. 일본의 가능성으로서 '실체성으로의 회귀'라는 점을 거론하고 넘어가자. 생각해보면 냉전 이후 20년간 우리는 금융 이야기에 너무나 매몰되어왔다. '호리에몽'*이나 무라까미 펀드'** 등 머니게임 이야기에 흠뻑 빠져들어 소란스레 이야기를 해왔던 것이다. 이제 우리는 실체가 있는 이야기, 즉 산업과 기술 이야기와 진지하게 대면할 필요가 있다.

써브프라임 문제로 금융자본주의의 뒤틀림이 드러난 이후 일본에 대한 평가가 은근히 높아지고 있다. '일본은 고도의 제조산업 기반과 기술력을 가진 나라'라는 인식이 되살아나고 있는 것이다.

● 호리에 다까후미(堀江貴文)의 애칭. 1972년생. 토오꾜오대 중퇴자로, 2000년대 중반 인터넷 포털 라이브도어 대표로서 후지TV 모회사인 닛뽄방송을 인수하려고 시도하는 등 새로운 금융기법으로 일본 재계의 오랜 관행에 도전해 기업체 매수 등으로 거대한 수익을 올린 인물이다. 인기 애니메이션 도라에몽에 빗대어 호리에몽이라는 애칭으로 불렸고 현재는 증권거래법 위반으로 실형을 선고받아 수감 중이다.
●● 전 통상산업성 관료 무라까미 요시아끼(村上世彰)가 주도하여 설립한 투자, 투자신탁, 기업 매수 및 합병에 관한 컨설팅그룹의 총칭이다. 일본 내 기업윤리에서는 이질적이던 미국식 기업 매수·합병을 공격적으로 전개한 까닭에 호리에몽과 함께 신자유주의적 금융질서의 첨병으로 인식되어 여론은 물론 법적으로도 논란을 불러일으켰다.

결국 일본이 내세울 수 있는 것은 역사 속에서 쌓아온 '제작정신'과 '기술 경애'다. 미국의 오바마 정권이 '그린 뉴딜'을 펼쳐나가든, 중국과 아시아가 새로운 발전과 환경 에너지 문제의 해결을 모색하든, 일본의 기술과 산업력이 불가결한 필수요소가 된다.

분산형 네트워크 시대에 조준을 맞춰 공허한 머니게임에 대한 열광으로부터 거리를 두면서 기술과 사업 육성하기, 다시 말해 '육성하는 자본주의'의 길을 한걸음 한걸음 걷는 일, 여기에 일본이 나아가야 할 길이 있다고 생각한다.

4. '우애' 개념의 현대성

냉전형 세계인식에서 탈피하라

그렇다면 일본이 냉전형 세계인식에서 완전하게 벗어나기 위해 필요한 것은 무엇일까? 나는 일본의 국제관계 기반인 대미외교의 원칙을 다시금 명확하게 해둘 필요가 있다고 생각한다. 무엇보다도 미일안보동맹을 근본적으로 재검토하여 미국과 '어른의 관계'를 구축해나가는 일이 중요하다. 그렇지 않는 한 '표류'에 '표류'를 거듭한 끝에 미국에 대한 과잉의존, 과잉기대를 키워 사고정지 상태에 빠져든 과거 20년간의 오류는 극복할 수 없을 것이다.

우선 중요한 것은 건전한 상식으로 되돌아가는 일이다. 따지고 보면 독립국에 외국의 군대가 주둔해 있는 일이 얼마나 부자연스러운 것인지를 우리 일본인은 깨달아야 한다. 패전 직후의 일시적 주둔이 아니다. 쌘프란시스코 강화조약 체결(1952년 4월 28일 발효)로 일본이 독립국으로서의 주권을 회복한 뒤 50년이 넘도록 일본에는 미군이 주둔해왔다.

물론 냉전시기 일본의 안전과 안정을 확보하는 씨스템으로서 미일안보조약이 유효하게 기능해온 것은 평가해야 하지만, 냉전 종식 후 20년이 지나려 하는데도 냉전형 주둔이 고정화되어 있다는 사실에는 주의를 기울여야 한다. 이것은 역사적으로 봐도 매우 이상한 사태다. 2차대전에서 일본과 마찬가지로 연합국에 패한 독일은 냉전 종결 후 1993년에 재독 미군기지의 축소와 지위협정 개정을 실행했다. 일본은 현재도 미군 주둔경비의 70퍼센트를 부담하고 있다. 이런 예는 세계에 없다.

물론 북한의 핵무장이나 김정일체제*의 불안정화라는

현실이 엄연히 존재하는 이상 미일군사동맹 자체는 중요하게 생각해야 한다. 그러나 동아시아에 군사적 공백을 만들지 않으면서 미군기지의 단계적 축소와 지위협정의 개정을 꾀하는 일은 그렇게 불가능한 일은 아니다.

미국이 일본이나 한국에 군사기지를 유지하는 근거는 북한의 남진(南進)에 즉각 대응할 수 있는 '전방전개병력(傳方展開兵力)'을 확보할 필요가 있다는 논리다. 그러나 전략정보전쟁 시대라 일컬어지는 오늘날, 병력을 전선에 유지하는 일이 그렇게 의미있는 것이라 생각되지 않는다. '오버 더 호라이즌 폴리시'**라는 안전보장 방식으로 충분히 대응할 수 있음은 이미 실증된 바다. 그동안 미국이 중동에 대해 취해왔던 방식이기 때문이다. 따라서 동아시아 안정을 위한 미군기지를 오끼나와와 한반도로부터 하와이와 괌으로 이전하는 방안은 충분히 검토할 만하다. 동아시

● 이 책이 서술되었을 때는 김정일 국방위원장이 생존하여 북한 체제를 지도하고 있을 때였고, 북한 핵문제가 일본사회의 미래를 전망할 때 중요한 대외적 돌발 변수로 취급되던 시기였다. 현재도 일본에게 북핵 문제가 중요한 대외적 변수임은 변함이 없다.
●● over the horizon policy, 긴급파견군 구상. 미국의 대외정책 중 하나로, 해외에서 소요사태가 발생했을 때 자국 이익 수호를 위해 긴급파견군을 투입한다는 구상.

아 안정을 위한 긴급파견군을 유지하는 구상을 일본이 미국에 제안하고 거기에 필요한 경비를 일본이 응당히 부담하는 등, 새로운 안전보장체제를 꾀하는 방향도 검토되어야 한다고 생각한다. 미국으로서도 대규모 군축을 감내하지 않아도 되고, 일본 주둔으로 얻었던 경제적 이점 또한 잃어버리지 않을 수 있는 것이다. 그리고 미일군사동맹은 유지된다. 즉, 유연한 발상으로 새로운 세계상황과 마주하려는 안전보장론이 요청되는 것이다.

이렇게 반미도 혐미(嫌美)도 아닌 형식으로 미국과 '어른의 관계'를 구축할 때 비로소 일본은 국제사회로부터도 '자립한 어른의 나라'로 인정받을 수 있는 것 아닐까? 편협한 내셔널리즘이 아니라 유연한 상식으로 되돌아가 외국 군사기지의 축소와 지위협정 개정을 실현하는 일, 그것이 첫걸음이다. 일본이 독립된 국민국가로서 국제사회에 존립하기 위해서는 아무리 시간이 걸려도 외국의 군사기지를 없애겠다는 문제의식을 놓쳐서는 안 된다.

아시아와 미국을 잇는 '가교'

미국과의 외교원칙을 확립하기 위해서는 '어른의 관계'

외에 한가지 더 중요한 점이 있다. 바로 '미국을 아시아에서 고립시키지 않기'다.

앞에서도 말했듯이 지금 세계는 국민국가 수준에서 보자면 미국과 중국의 2대 강국이 주도하는 형식으로 움직이고 있다. 따라서 미중관계를 주시하는 일은 일본이 국제사회에서 살아가기 위해 반드시 필요한 과제다.

일본에 요구되는 일은 키워드처럼 말하자면 '친미입아(親美入亞)'일 것이다. 즉, 미국이 아시아에서 고립당하지 않도록 배려하면서 다른 한편으로는 일본이 아시아로부터 신뢰를 얻는 일 말이다. 지금 일본에는 아시아와 미국을 잇는 '가교'로서의 역할이 기대되고 있다. 유럽에서 영국은 미국의 주장이나 이해를 대륙에 연계하고 대륙의 의향을 미국에 전달하는 역할을 담당하고 있다. 일본도 이런 역할을 미국과 중국, 아시아 사이에서 떠안아야 할 시기에 다다랐다.

따라서 미국과 명확한 외교원칙을 확립하는 일과 더불어 중국과 동일한 일을 하는 것이 요구된다. 그것은 중국이 국제사회에서 책임있는 참여자 역할을 하도록 적극적으로 추동하는 것을 뜻한다. 중국이 WTO에 가입할 때 일본은 적극적으로 지원했다. 이런 일을 거듭함으로써 중국이 환경문제나 지적재산권 문제 등에서 국제사회의 규칙에 따르도록 추동하는 것이 일본의 역할인 것이다.

물론 이는 쉬운 일이 아니다. 상대는 '일극지배의 초강대국'이었던 미국과 중화사상의 본가(本家) 중국이니 말이다. 자국가치 중심주의가 지배하는 두 대국 사이에 놓인 일본에게는 매우 어려운 조종(handling)이 요구된다. 그러나 어디로 가는지도 모른 채 '표류'한 끝에 다다른 사고정지 상태에서 벗어나기 위해서는 미·중·일 삼각형을 정삼각형에 가깝게 만드는 외교전략을 채택해야만 한다.

오바마의 등장과 공명하는 '우애'라는 개념

자, 문제는 이런 전후 외교의 일대전환을 과연 민주당 신정권이 이뤄낼 수 있는가다.

하또야마 유끼오(鳩山由紀夫) 수상은 2009년 10월 26일의 소신표명 연설에서 "일본이 지구온난화나 핵확산 문제, 아프리카 등지의 빈곤문제 등 지구규모의 과제를 극복하기 위해 동양과 서양, 선진국과 도상국, 다양한 문명 사이를 잇는 '가교'가 되어야 합니다"라고 호소했다. 정말 그것이 가능한가? 결론부터 말하자면 나는 결코 비관하지 않는다. 왜일까?

우선 대미외교의 진로를 변경하는 데 있어 오바마 정권이 탄생한 이 시점은 그야말로 절호의 기회이기 때문이다. 오바마 대통령은 그 존재 자체가 글로벌화 시대의 '다양성의 공존'이라는 강력한 메시지를 전달하고 있다. 미국 국민은 민주당원이든 공화당원이든, 오바마 정권의 정책에 찬성하든 반대하든, 모두 그로부터 끝을 알 수 없는 잠재적 가능성을 보고 있다. '미국은 마이너리티인 오바마에게 기회를 주고 대통령으로 선출하는 나라'라고 말이다.

오마바는 아프리카계 흑인과 유럽계 백인의 혼혈로서 최초의 아프리카계 대통령이다. 게다가 버락 후세인 오바마 주니어(Barack Hussein Obama, Jr.)라는 풀네임에서 알 수 있듯이 아버지는 이슬람교도다. 그럼에도 그는 대통령이 되었다. 게다가 '대화와 협조' 노선을 기조로 삼아 '핵 없는 세계'를 목표로 한다. '그린 뉴딜'을 포함하여 부시와 정반대의 존재로서 등장한 것이다.

'핵 없는 세계'론은 이념적으로는 어떤 나라라도, 즉 미국의 벗인 이스라엘조차도 NPT(핵확산금지조약)에 가입시키려는 자세를 나타내 보이고 있다. 미국 자신이 '핵우산'론으로부터 한걸음 밖으로 나아가려는 구상을 내걸어 '미국 일극지배' 이후의 새로운 세계질서 구축에 착수한 것이다.

이는 일본이 주체적으로 탈냉전형 외교를 전개해가기 좋은, 절호의 환경이 도래했음을 말해준다. 하토야마 수상은 소신표명 연설에서 "오바마 대통령이 용기를 갖고 내세운 '핵 없는 세계'라는 제안에 깊게 공감하며 이를 강력히 지지한다"고 강조했다.

다음으로 하토야마 수상이 내건 '우애(友愛)'라는 정치 이념이 오바마 대통령의 대화와 협조 노선에 이상할 정도로 공명하고 있는 것도 중요하게 보인다.

'우애'라는 말을 만약 미국이 '일극지배'의 오만함으로 '이라크'와 '써브프라임'으로 맹진하던 부시 대통령 시대에 꺼냈더라면 아마 모두가 엄청나게 당혹스러워하며 진정성을 믿지 않았을 것이다. 왕따나 교내폭력이 횡행하는 학교에서 "모두 사이좋게 우애를 다지자"고 호소하는 꼴이었을 테니 말이다.

그러나 오바마 대통령의 등장으로 세계정세는 일변했다. '우애'라는 이념이 진지하게 추구해야 할 가치로 빛을 발하기 시작한 것이다.

이 이념이 구호로만 그치지 않게 하기 위해서는 '우애'를 현실화하는 정치적인 행동, 로고스(logos), 정책에 의한 보충과 보완이 필요하다. 그 작업을 쌓아나가는 일이 바로 전후 외교의 일대전환으로 이어진다고 생각한다.

프로젝트로서의 '동아시아 공동체'

하또야마 수상이 소신표명 연설에서도 강조한 외교정책 구상에 '동아시아 공동체 구상'이 있다. 이 개념 자체는 새로운 것이 아니다. 자민당정부도 주창한 바 있다. 동상이몽의 공허한 이야기라고 생각하는 이들도 있지만, 그럼에도 '동아시아 공동체'를 희구하는 목소리는 동아시아의 여러 나라로부터 끊이지 않는다. 왜일까?

얼마 전 베이징에서 중국의 거물 외교관과 대화를 나눴을 때의 에피소드로부터 시작해보자. 그 외교관은 내가 『분게이슌주(文藝春秋)』 2009년 10월호에 기고한 「미·중 이극화, '일본외교'가 가야 할 길」이란 글을 이미 읽은 뒤였다. 글의 내용은 지금 말한 바와 같이 '전후 외교의 대전환'에 대해 논한 것이었다.

"선생님의 대미 자립론을 흥미롭게 읽었습니다."

감사하다고 말하자 그 외교관은 "단,"이라면서 다음과 같이 덧붙였다.

"가까운 이웃 국가도 배려하는 자립을 부탁드리고 싶습

니다."

무슨 의미일까? 바로 미일안보는 당사자들만의 문제가
아니라는 이야기다.

중국과 한국에는 전후 60년이 지난 지금도 일본이 다시
군사대국화하여 이웃 나라의 위협이 되지는 않을까 하는
염려가 뿌리깊게 남아 있다. 일본의 폭주를 억제하는 것이
미일안보라는 인식이 있는 것이다. 이것을 '미일안보=병
뚜껑론'이라 한다. 일본의 군국주의 부활을 억제하는 것은
일본인 자신의 책임이다. 미군이 억제하고 있으니까 이웃
나라가 안심할 수 있다는 인식은 너무나도 뒤틀린 것이다.

일본인 중 80퍼센트는 이제 전후 태생이다. 전쟁 전, 전
쟁 중에 태어났어도 전쟁에 책임을 질 만큼의 연령에 달하
지 않았던 사람까지 포함하면 95퍼센트는 전쟁에 책임이
없는 세대가 된다. 그런데도 중국이나 한국으로부터 일본
의 전쟁책임을 추궁하는 목소리는 전혀 사그라들지 않는
다. 많은 일본인은 이에 큰 불만을 느낀다. 거꾸로 중국이
야말로 군사적 위협으로 느껴진다는 사람도 많다.

이렇듯 현재도 동아시아에는 상호불신이 끊이지 않고
소용돌이친다. 그렇기 때문에 동아시아 국가들은 상호불
신 해소의 과정으로 '동아시아 공동체'라는 이념을 주창

해야만 한다. 즉, 상호이익으로 연결되는 공동의 프로젝트를 쌓아나감으로써 그 실현과정에서 신뢰관계를 단계적으로 확고하게 만들어나가야 하는 것이다.

지금 단계에서 동아시아를 EU 같은 경제공동체로 만든다거나 통화를 통합한다거나 하는 일은 그야말로 헛소리에 지나지 않는다.

원래 EU는 전후 몇십년 동안 이뤄진 프랑스와 독일의 화해과정에서 탄생한 것이다. 또다시 강대국화하는 독일을 유럽의 틀 안에 묶어둠으로써 폭주를 억제하고 싶어했던 프랑스의 의도와, 스스로 유럽의 틀 내에 머무름으로써 신뢰회복을 꾀하고자 했던 독일의 의도가 합치하여 EU를 탄생시키고 확대시켰다. 일조일석에 될 수 있는 것이 아니었던 셈이다.

그렇다면 '동아시아 공동체 구상'은 그저 공허한 구호에 지나지 않는 것일까? 나는 그렇게 생각하지 않는다. 물론 지금이야 공허하게 보일지 몰라도 이 이념을 중심으로 공통의 이익을 실현하는 '단계적 접근법'이 정당하다고 생각하기 때문이다.

예를 들어 메콩강 삼각주 개발이나 석유의 공동비축, 혹은 원자력 평화이용을 위한 기술교류 플랫폼 만들기 등의 공동 프로젝트를 전개함으로써 국경을 넘어선 지역연대의 씨스템을 형성하는 일은 충분히 가능하다. 또 청년의 문화적·인적 교류를 심화시키는 일도 중요하다. 하또야마 정권 탄생 후에 열린 한·중·일 정상회담 자리에서는 그 일환으로 유학생의 학점호환제도를 도입하자는 아이디어도 합의되었다.

'우애'도 '동아시아 공동체'도 말만 앞세워서는 "지구에 친절하다" "잘못은 반복하지 않겠습니다" 식의 공허하고 무책임한 언사가 되고 말 것이다. 비록 그 실현을 위해서는 기나긴 도정이 필요하다 할지라도 이념을 실체화하기 위한 노력을 게을리해서는 안 된다. 그리고 그런 노력의 중첩이야말로 동아시아 각국 사이에 가로놓여 있는 상호불신이란 이름의 벽을 허무는 길임에 틀림없다.

'어른의 외교'에는 싱크탱크가 불가결

일본에는 지금도 세계 수준의 싱크탱크와 통신사가 없다. 다른 나라들이 '일본 정도의 경제력을 가진 나라가?'라며 의아하게 생각할 정도다. '아니, 있잖아'라고 생각하는 이는 실상을 모르는 사람이다.

우선 통신사. 다른 나라를 보면 예를 들어 중국에는 '신화통신사', 러시아에는 소련 시대의 타스통신을 계승한 '러시아 정보통신사(이따르타스 통신)'라는 국책·국영 통신사가 있다. 모두 아무리 어려운 시절에도 국가가 전력을 다해 지켜낸, 정보력의 기반 인프라로 기능하는 통신사다.

한편 일본은 어떤가? "지지통신사(민간기업)도 쿄오도오통신사(사단법인)도 있지 않은가?"라는 목소리가 나올 법하다. 그러나 지지통신, 쿄오도오통신이 세계에 파견하고 있는 특파원 수는 국제통신사의 대표격인 영국의 로이터나 미국의 AP, 혹은 중국의 신화사 등과 비교하면 한자리가 아니라 두자릿수 정도 차이가 날 만큼 적다. 일본의 신문사 가운데서 해외에 가장 많은 특파원을 보내고 있는 닛께이, 아사히도 100명 전후인 점을 보면 스케일이 완전히 다른 셈이다.

예를 들어 중동지역에 일본 통신사나 신문사로부터 얼마만큼의 특파원이 파견되어 있을까 조사해보면 잘 알 수 있다. 겨우 카이로와 몇몇 도시에만 파견되어 있는 것이 실상이기 때문이다. (이라크에는 일시적으로 숫자가 많아졌지만.) 내가 만나는 외국기업의 경영자 중 가끔 이런 사람이 있다. "우리는 일본이나 아시아에 관심이 많습니다"라고 해서 여러곳에 주재원을 파견했을 줄 알고 물어보면

"홍콩에 지점을 갖고 있습니다"라며 자랑스레 말하는 사람들이다. 일본의 통신사는 이런 해외의 경영자와 오십보백보인 셈이다.

일본이 독자적으로 입수하는 정보는 '방대'와는 거리가 멀다. 자연과학계에서 관찰 수가 압도적으로 적으면 새로운 사실의 발견에서 뒤처지는 것이 당연하듯이, 애초에 관찰되는 정보가 이렇듯 몇자릿수씩이나 적다면 세계를 체계화해서 보는 일이 곤란해지는 것은 당연하다. 수많은 일본인이 이렇게 한정된 정보에 의존하여 세계를 인식하려 하고 있음을 간과해서는 안 된다. 로이터를 필두로 세계적인 통신사에 견줄 만한 국제통신사를 일본인의 힘으로 육성하는 일이 필요한 까닭이다.

다음으로 싱크탱크. 1980년대에 중동을 무대로 일을 해온 나에게 빠리 쎈 강변의 '아랍세계연구소'는 특별한 의미를 갖는 조직이다. 이 연구소는 73년 석유위기 이후 74년에 프랑스가 설립 구상을 발표하여 수많은 아랍국가와 공동으로 설립한, 아랍세계의 민족, 문화, 정보를 수집·발신하는 싱크탱크다. 구상에서부터 완성에 이르기까지 20년이 걸렸는데, 그 이유는 아랍 22개 국가에 모두 로비를 했기 때문이다(60퍼센트는 프랑스가 출자). 이 연구소를 설립함으로써 프랑스는 아랍, 중동, 석유, 이슬람 등에 관한 '정보의 자장(磁場)'을 구축할 수 있었다. 참고로 호메이니가 혁명 전 프랑스로 망명해 생의 최후를 빠리에서 맞이한 것도 이 연구소의 존재와 무관하지 않다.

이밖에도 세계 여러 나라를 보면, 영국에는 '국제전략연구소'(IISS)와 '채텀 하우스'(Chatham House)라 불리는 '왕립국제문제연구소'가 있고, 미국에는 유대인을 다룬 부분에서 언급한 바 있는 '외교문제평의회'(CFR)와 내가 신세를 졌던 '브루킹스연구소'(Brookings Institution) 그리고 '전략국제문제연구소'(CSIS) 등의 거대 싱크탱크가 있다. 모두 미국이 국제전략을 구상하고 전개할 때 기반 인프라로서 기능한다. 이런 '세계를 아는 힘'을 보유한 기관을 다른 나라들은 공들여 육성하고 있는 것이다.

한편 일본은 해외로부터 '발레슈즈를 신은 거인'이라고 야유받다시피, '세계 제2의 경제력'을 자랑해왔음에도 국가의 명운을 좌우할 정보 인프라나 기반 인프라를 정비하지 않은 채 지금까지 지내왔다. 미국에만 의존하여 살아왔기 때문이다. 미국이 작은 목소리로 "세계는 지금 이렇게 돌아가고 있어요"라고 해주면 좋다고 뛰어들어 덥석 물어버리는 것도 이 때문이다. 일본이 '미국을 통해서만 세계를 보는' 상태에 놓인 배경에는 이런 정보기반의 문제가 가로놓여 있는 것이다.

세계의 조류에 흔들리지 않고 스스로가 방향키를 조정할 수 있는 나라가 되기 위해서는 싱크탱크와 통신사의 정비가 시급한 과제다. 현재 나는 오오사까의 중심지 우메다(梅田) 북(北)야드 개발과 연관하여 설치가 검토되고 있는 '아시아태평양연구소' 추진협의회 회장을 맡고 있다. 오오사까에 아시아태평양 시대의 '정보의 자장'을 만들기 위해 산(産)·관(官)·학(學)이 힘을 합해 세계의 구조전환에 대응할 수 있는 정보기반을 정비하고, 아시아태평양의 젊은 연구자들이 협력하여 과제 해결에 힘쓰는 지적 인프라 구축에 힘을 쏟을 생각이다.

세계를 아는 힘

앎을 향한 각오

PC와 헌책방

우리는 일상에서 세계를 아는 수단으로 미디어를 활용한다. 인터넷의 발달로 인해 지금은 누구나 언제든 비교적 쉽게 일정 수준의 정보에 접근할 수 있게 되었다. 인터넷이 보급되기 전에는 소개장 같은 것 없이는 펜타곤이나 화이트하우스는 물론 대학의 연구실에서도 쫓겨나기 일쑤였다. 소개자의 '격'에 따라 접근할 수 있는 정보의 질이 크게 달라지는 일도 허다했다. 그런데 지금은 정형화된 공식 정보라면 고등학생이라도 인터넷을 통해 입수할 수 있게 되었다.

그러나 대량으로 정보를 입수할 수 있게 되면서 방대한

정보 속에서 논리를 세워 체계화된 시각과 사고방식을 기르는 일이 점점 더 어려워지고 있다. 미디어도 체계화된 정보제공으로부터 점점 멀어져, 정보를 조각내어 제시하는 일을 반복하며 단편적 정보만을 취급하게 된 것이다.

파편화된 정보를 어떻게 다루어야 우리는 자신만의 세계상──가설이라고 해도 좋을 것이다──을 구축할 수 있는 것일까?

나는 우선 헌책방에 다니는 것을 추천한다. 아니 추천이라기보다는 절대로 필요한 일이라고 생각한다. 그것도 가능하다면 대학생 때부터 다니기를 강력히 권한다. 나도 학생시절 와세다의 헌책방 거리를 허구한 날 드나들면서 만하임이나 베버 등 당시 학생에게는 눈이 튀어나올 정도로 고가인 책과 만나면, 아르바이트로 돈이 생길 때까지 책이 안 팔리도록 몰래 책장 구석 쪽으로 옮겨 꽂아두곤 했다.

헌책방에 다니는 일이 파편적 정보를 통합하기 위한 훈련이 되는 까닭은 필요한 책 외에 그때까지 의식하지 않았던, 혹은 몰랐던 책이 근처 책장에 꽂혀 있는 것을 봄으로써 생각지도 못한 상관적 발견을 촉진하기 때문이다. 책과 책의 상관관계가 보이지 않는다면 지성은 열리지 않는다.

물론 신간서점도 괜찮지만, 신간 서점은 잘 팔리는 책들만 쌓아놓고 있는 곳이 많기 때문에 별로 발견이 없다. 게다가 서로 비슷한 책을 한군데에 모아놓는 것도 문제다.

도서관도 좋지만 일상적으로 하는 인터넷 '검색형 접근'(이것도 물론 필요하다)으로는 훈련이 안 된다. 책 앞에서 느긋하게 책을 바라보며 손에 들고 생각하기, 이것이 중요하다. 왜일까? 정보와 정보의 상관성은 표제만으로는 알 수 없는 경우가 많기 때문이다. '왜 이 책이 여기에?'라는 생각이 들면 목차를 본다. 그러면 표제만 보고서는 알 수 없었던 참신한 시각이 보이기도 한다.

이런 발견을 하나하나 쌓아나감으로써 정보 상호 간의 연관이나, 관계가 없는 듯 보였던 현상의 상관성 등이 점차 보이게 된다. 그러는 중에 개별정보를 배치하는 좌표축 같은 것이 머리에 형성되고, 나아가 좌표축 자체가 다차원적인 것으로 발전해간다. 지식이 쿠우까이의 그것처럼 '전체지'로 고조되는 것이다.

나는 지금도 일본에 있을 때는 자주 칸다(神田)의 헌책방 거리에 들른다. 또한, 런던에 가면 세계 최대의 매장면적과 서적수를 자랑하는 포일즈(Foyles) 서점에서 반나절을 보낸다. 포일즈가 일본의 신간서점과 다른 점은, 우선 고전이 즐비하다는 것이다. 그리고 점원이 책과 문헌에 관한 체계적인 문제의식을 품고 있다는 점도 빼놓을 수 없다. 그래서 예컨대 '중동'을 테마로 한 책장을 보면 엄청난 고전에서 신간에 이르기까지 주요 책들이 빠짐없이 준비되어 있다. 보고 있는 것만으로도 '이 문제의식을 심화시키려면 이런 책을 보고 따라가야 한다'는 지적 흥분이 솟구쳐오르게끔 씨스템화되어 있는 셈이다.

물론 책방이 아니면 상관성 발견 훈련을 못하는 것은 아니다. 중요한 점은 사물을 깊게 사고하기 위해서는 사고과정을 성숙시키는 요람기 같은 시기가 필요하며, 그 장으로서 책방은 더할 나위 없는 장소라는 사실이다.

예를 들어 2009년 봄에 쿠단(九段)에 개설한, 나의 서고라 할 수 있는 '테라시마 문고'의 책장을 아무런 생각 없이 바라보고 있다가 우연히 '핵'에 관한 책장이 눈에 띄었다. '핵'에 관한 다양한 차원의 책과 문헌을 모아둔 책장이었다. 그때 어떤 생각이 연상되었다.

히로시마의 원폭사망자 위령비에는 "편안하게 잠들어주십시오. 잘못을 되풀이하지는 않겠습니다"라는 유명한 문구가 있다. 나는 그 비문만큼 일본인의 지성의 벽을 나타내는 것은 없다고 생각한다. 왜냐하면 누구의 누구에 대한 '잘못'인가, 어떤 맥락에서의 '잘못'인가가 전혀 보이지 않기 때문이다. 이래서는 '우선 전쟁이란 잘못은 되풀이하지 않겠다는 정도'의 애매한 이야기가 되어버린다.

우리는 아무리 귀찮고 정신적으로 괴롭더라도 '잘못'에 포함된 모든 잘못, 즉 원폭을 만든 과학자들의 잘못, 투하를 결단한 미국정치의 잘못, 또한 그것을 촉진시킨 일본 측의 잘못, 이런 것들을 전부 체계화하여 그리지 않으면 안 되는 것 아닐까? 그리고 그것이야말로 진정 '세계를 아는' 일이라고 생각한다.

'세계를 안다'는 것은 단편적이었던 지식이 여러 상관성을 발견함으로써 불꽃을 튀기며 연관되어 전체적인 지성으로 변화해나가는 과정에 다름 아닌 것 아닐까?

책을 버리지 말고 거리로 나가자

책 이야기만 계속하면, 문헌만 읽다보면 언젠가 세계를 파악할 수 있다고 착각하는 사람이 있을지도 모르겠다. 나는 이미 말했듯이 '세계를 아는 힘'을 기르기 위해서는 하늘에서 세계를 내려다보는 '새의 눈'과 착실하게 지면을 보는 '벌레의 눈' 양쪽 모두가 필요하다고 생각한다. 그 '벌레의 눈'을 훈련시키기 위해서는 무엇보다도 필드워크가 필요하다.

생각해보면 내 경력은 필드워크로부터 시작됐다. 대학원 시절인 1972년, 문부성 통계수리연구소에서 각종 사회의식 조사를 도운 것이 시작이었다. 무쯔오가와라(むつ小川原)의 대규모 개발이 시작되려고 하던 아오모리현(青森縣) 롯까쇼촌(六ヶ所村)에 20명 정도의 학생들을 데리고 가서 보름 동안 개발 찬성/반대 등 현지 주민의 여러 목소리를 수집한 것이 첫번째 일이었다. 그때 정리한 보고서 「롯까쇼촌 조사 노트」는 지금도 갖고 있다. 또 오까야마현(岡山縣)에서는 관광도시 쿠라시끼(倉敷)와 콤비나트(kombinat) 도시 미즈시마(水島)의 차이를 조사한 적이 있고, 이와떼현(岩手縣) 남쪽에 위치한 히가시야마초오(東山町, 현 이찌노세끼시一關市)의 적막한 마을에 발을 들여놓은 적도 있다.

지금 생각해보면 문헌을 보는 것만으로는 파악할 수 없는 세세한 진실이나 인간사회의 깊이를 찾아 현장에서 사람들의 목소리에 귀를 기울이던 나의 모습이 생각난다. 그것이 나의 원풍경이다. 문헌과 마찬가지로 필드워크도 중요시하는 자세는 그때부터 전혀 바뀌지 않았다.

그래서 출장 목적으로 외국에 가도, 공항에서 비즈니스의 목적지로 직행해서 일을 끝내고 "안녕히 계세요" 하고 떠나는 일은 없다. 런던의 포일즈에서 반나절을 보내듯 반드시 할 일 없이 거리를 거닐 수 있는 시간을 만든다. 낭비라고 할 수도 있다. 그러나 '벌레의 눈'을 기르기 위해서는 이것이 중요하다.

예를 들어 싱가포르를 방문하면 호텔 수영장에서 그저 물위에 떠서 주위를 관찰한다. 그리고 여러 사람들에게 말을 걸어본다. 그러면 '최근에는 오스트레일리아인이 많아졌네' '중동에서 온 사람이랑 중국인도 많아졌다' '그런데 일본사람은 줄었구나' 하는 것을 알게 된다. 이와 같이 체험의 배후에 있는 구조변화가 보이게 되면서 통계를 조사해보려는 마음이 생기는 것이다. 그래서 신체성(身體性)을 가진 체험이 매우 중요하다. 통계숫자를 보는 것만으로는 알지 못하는 세계의 변화를 알 수 있기 때문이다. 정기적으로 가는 곳이라면 더 좋다. 일종의 정점관측(定點觀測)이 되기에 세세한 변화가 눈에 띄게 된다.

그렇다고 그저 바라보기만 하는 것은 아니다. 될 수 있으면 말을 걸어봐야 한다. 그러면 "싱가포르에는 복건성 쪽에서 이주해간 화교가 많구나" 하는 것을 알 수 있다. 한족에서 갈라져나온 '하까(客家)'가 많다는 사실도 깨닫게 된다. 하까란 '중국의 유대인' 혹은 '중국의 유랑민족' 등으로 불리는 사람들로, 남쪽으로 다시 남쪽으로 내려가 생활의 장을 찾은 소수민족이다. 단, 유대인과 마찬가지로 저명한 인사를 수없이 배출했다. 쑨 원, 덩 샤오핑, 싱가포르 초대 수상 리 콴유(李光耀), 타이완 총통 리 덩후이(李登輝) 등.

보고 듣고 체험한 일과 관련된 문헌을 조사해보면 거기에 보이지 않는 지하수맥 같은 네트워크가 있음을 점점 깨닫게 된다. 일본인은 타이완계 중국과 본토계 중국이 사이가 안 좋다고 생각하는 경향이 있다. 쌘프란시스코의 차이나타운에서도 뉴욕의 차이나타운에서도 사이가 좋지 않다고 말이다. 그러나 실제로는 일본인의 이해를 넘어선 곳에서, 국경도 넘어선 곳에서 지하수맥처럼 하까 등 민족의 일대 네트워크가 구축되어 있다. 이것이 대중화권의 뼈대인 셈이다.

생생한 신체성을 가진 체험은 인터넷을 통해 컴퓨터 화면에 표시된 정보와 비교가 되지 않을 정도의 강한 인상을 우리 뇌에 각인시킨다. 그것이 문헌으로는 얻을 수 없는 강력한 문제의식을 함양한다. 단, 그것을 성숙시키기 위해서는 문헌의 힘이 필요하다. 깊은 지혜는 필드워크와 문헌의 상관성 속에서만 태어날 수 있는 것이다.

agree to disagree

몇번인가 베이징대학이나 인민대학 등 중국의 대학에서 강연할 기회가 있었다. 중일 간에는 역사적인 비극이 가로놓여 있다. 역사인식에도 매우 큰 거리가 있다. 그런 관계임에도 나는 필요하다면 중일관계사를 피하지 않는다.

상대는 중국정부의 해석과 의도에 기초한 역사교육을 어릴 때부터 받아온 젊은이들이다. 예를 들어 저우 언라이(周恩來)가 19세에 토오꾜오에 유학하여 칸다의 헌책방 거리를 걸으면서 사회주의 사상에 강하게 일깨워졌고, 좌절의 연속이었던 일본 유학시대를 거쳐 중국에 귀국한 뒤 다시 프랑스에 유학하여 중국공산당 프랑스 지부를 만들었다는 이야기를 한 적이 있다. 그런 과정을 거쳐서 저우 언라이라는 인물이 형성되었다고 말이다. 그런데 그 이야기를 들은 학생들 중에는 "저우 언라이가 유학했다는 게 정말입니까"라고 되묻는 이들이 있다. 루 쉰(魯迅)의 이야기도, 쑨 원의 이야기도 마찬가지로, "정말로 일본과 그런 인연이 있었던 겁니까?"라는 똑같은 반응이 돌아온다.

그래서 상대가 전면적으로 내 이야기에 공명해주리라는 기대는 애초에 갖지 않는다. 그러나 그럴 때 나는 꼭 이렇게 덧붙인다.

"우리가 가진 역사인식과는 다른 파악방식이 다른 국민과 민족에게는 있을 수 있다는 사실, 세상에는 여러가지 시각이나 사고방식이 있다는 사실을 알았으면 한다. 찬성은 할 수 없지만 당신의 시각, 성실하게 사물을 조직해 사고해보려는 시각은 높게 평가한다는 자세가 외교에서도, 국제사회에서 한 개인으로 살아나가기 위해서도 중요하다"고 말이다.

이런 자세를 외교계에서는 'agree to disagree'의 관계라고 부른다.

역사관이 다른 이들과의 대화는 외교가 아니더라도 비즈니스의 장에서도 일상적으로 일어난다. 예를 들어 중국인과 마주하여 난징학살이나 위안부 문제를 거론하지 않을 수 없는 경우도 생긴다. 혹은 러시아인과 마주한 자리에서 시베리아 출병이나 북방영토 이야기가 나올 수도 있다.

그때 마음을 담아서 그때까지의 일본역사의 흐름을 설명하면서 일본인으로서의 자부심이나 자율, 자존의 정신을 잃지 않고 일본의 주장을 전달하는 일이 얼마나 어려운 일인지 실감하게 될 것이다.

그러나 아무리 평행선을 달린다고 해도 자신의 주장이

나 자율, 자존의 정신을 잃어버리지 않고, 상대방을 추종하여 이야기하거나 격렬한 싸움으로 끝나버리지 않는 대화는 가능하다. '찬성은 할 수 없지만 상대방 주장의 논점은 이해했다'는 자세를 가지는 일이 중요하다. 중국의 대학생들도 이야기가 'agree to disagree'에 이르면 역시 조용히 마지막까지 듣는 분위기로 바뀐다.

외교계에서는 가끔 '미래지향 관계'라는 말이 나온다. 그러나 서로 과거의 역사에 눈을 감고 애매하게 처리하는 자세로는 결코 밝은 미래는 오지 않는다. 거꾸로 자신이 하고 싶은 말만을 일방적으로 내던져서는 언제까지나 관계조차 구축될 수 없다. 이웃 나라와 '미래지향 관계'를 구축하고자 한다면 자신의 주장은 주장으로서 주눅들지 말고 전달해야 하며, 상대의 논리와 논점을 허심탄회하게 이해해주는 자세가 필요하다.

'세계를 아는 힘'은 스스로를 상대화하고 객관시하는 과정 없이는 마름질될 수 없는 것이다.

다른 문화 속으로 뛰어들어라

그렇다고는 하지만 자신을, 그리고 일본을 객관화하는 일은 쉽지 않다. 이를 위해서는 모든 것을 내던지고 이문

화 속으로 뛰어들어 고독과 실망의 연속을 체험하는 일이
필요할지 모른다.

　나 자신 젊은 시절 해외에서 헤아릴 수 없는 고독과 굴
욕을 맛봤다. 1970년대엔 유럽에서도 아시아에서도 단지
일본인이라는 이유만으로 암묵적인 차별을 받기도 했다.
예를 들어 유럽이나 미국의 레스토랑에 들어가면 당연하
다는 듯이 "출구에서 제일 가까운 구석자리에 앉아라"라
고 턱으로 안내를 받았고, "제대로 돈은 내는 거야?" 하는
분위기가 흘렀다.

　지금이야 웃으면서 이야기할 수 있지만 일본에 대한 무
지가 엄청났던 시절이다. 1975년, 첫 해외출장으로 런던에
갔을 때의 일이다. 비틀즈 세대라 비틀즈의 출신지 리버풀
에 있는 싼 호텔에 머물기로 하고 후지은행(현 미즈호은
행)의 여행자수표를 내밀었다. 그러자 "피지섬의 은행은
안 된다"는, 믿을 수 없는 대답이 돌아왔다. 어떻게든 오해
를 풀어 머물 수 있게 되었는데, 바의 카운터에 가자 더한
충격이 기다리고 있었다. 일본인이라고 나를 소개한 뒤 영
국인 손님과 대화를 나누는데 '티베트'라는 말이 몇번인
가 등장했다. '어, 이 사람 "일본의 티베트"*라는 표현을
아는 걸까? 그렇다면 이와떼(岩手)에도 간 적이 있을지 모

르겠다. 상당한 일본통이네'라고 생각하면서 이야기에 귀를 기울이고 있었는데, 갑자기 이렇게 말하는 것 아닌가? "달라이 라마는 잘 있지?" 일본에 티베트가 있다고 생각한 것이다.

21세기에 들어서도 비슷한 이야기를 하는 유럽인이나 미국인은 많다. "유럽인이나 미국인이 보면 중국인도 한국인도 일본인도 얼굴이 똑같아 보이는데 뭔가 차이가 있는 건가?"

지금에야 나도 일본의 아이덴티티를 돋보이게 하는 노력이랄까 기술을 체득하고 있기에 그럴 때면, "당신, 중국기업의 이름을 알고 있나요?"라고 되묻곤 한다. 많은 사람들은 중국기업 이름 따위는 모른다. 중국경제의 성장은 외국기업의 생산입지로서 이뤄진 것이라 아직 중국 브랜드 기업은 적다. 대조적으로 일본은 전자에서 자동차까지 세계적으로 통하는 브랜드 기업을 키워왔다. 브랜드는 기술

● 전후 1950~60년대에 이와떼현을 '일본의 티베트'라고 불렀다. 산간지역으로 교통이 불편하고 주된 산업이 신일본제철의 카마이시 제작소 정도에 불과해 소득수준이 낮았기 때문에 붙은 이름이다. 이후 일본에서는 교통사정이 좋지 않은 산간지역을 '일본의 티베트'로 총칭하는 관습이 생겼다.

이며 그것이 일본의 특색이라고 말하곤 하는 까닭이다.

이야기를 되돌리자면, 이문화권 속에서 등에 짊어진 역사나 환경이 전혀 다른 사람들과 단독으로 마주하는 일이 얼마나 진절머리나게 싫은 일인가? 지금 일본에 와 있는 유학생도 이런 고독이나 굴욕을 맛보고 있음에 틀림없다.

그러나 이런 고독이나 굴욕을 맛보는 일은 자기와 타자를 객관화하고 국제사회를 살아나가기 위해 매우 중요한 일 아닐까? 유랑의 민족인 유대인이나 화교가 국제사회에서 조용히 힘을 발휘하고 있는 것도 이 언저리에 비결이 있는 것 아닐까 생각한다.

절망이나 굴욕도 포함한 이문화에서의 여러가지 마찰이나 충돌을 거쳐 우리는 점차 자신을 다면적인 거울에 비추는 법을 배운다. 그리고 자신의 마음속 깊은 곳을 향해 물음을 던진다. '일본이란 무엇인가?' '일본인이란 무엇인가'라고 말이다. 그런 자신과의 대화로 지탱된 메시지만이 바깥사람들의 마음을 움직이는 힘을 갖게 됨이 틀림없다. 바깥을 알면 안을 알 수 있다. 안을 알면 바깥과 연결되는 회로가 생겨나는 법이다.

다른 나라에 뛰어든 '불청객 청년'

내가 처음으로 강렬한 이문화 체험을 한 무대는 중동이었다.

1973년, 나는 대학원 석사과정을 마치고 학문의 길과 미디어의 길이라는 선택지 사이에서 고민하면서 미쓰이물산에 입사했다. 우선 일본 산업의 축도라고 할 수 있는 종합상사를 통해 세계를 보고 싶었기 때문이다. 그러나 입사해보니 그곳은 안락함과는 전혀 거리가 먼 세계였다. 최초의 런던 근무는 차치하더라도 아직 '소년병사'라 할 수 있는 단계에 미쓰이그룹이 총력을 걸고 뛰어든 장대한 국제프로젝트 '이란·재팬석유화학'(IJPC, Iran-Japan Petroleum Chemistry) 프로젝트에 참여하도록 지시받았기 때문이다. 이란·재팬석유화학이란 1973년 4월에 이란 화학개발과 이란 국영석유화학과의 조인트벤처°로서 설립된 이란 최초의 종합석유화학 콤플렉스를 지향한 회사다. 4차 중동전쟁(73년 10월 개전)으로 인한 1차 오일쇼크(73년 10월~74년) 직전에 설립된 점에 선견지명이 느껴진다.

● joint venture, 국가나 기업이 신규분야에 진출할 때에 복수의 조직이 공동으로 참여하여 서로의 약점을 보완하고 리스크 분산을 꾀함으로써 사업 성공의 확률을 높이는 방안 중 하나다.

이란과 이라크 국경선상의 사막에 거대한 석유화학 콤비나트를 만든다는 꿈을 좇아 피크 때에는 일본에서 3500명이 반다르샤푸르(현 반다르호메이니)로 향했다. 3500명이다. 전후 해외에 파병하지 않게 된 일본에서 이만큼의 일본 남아가 바다 저편으로 일거에 건너간 것은 전무후무한 일일 것이다.

그러나 미리 결론을 말해두자면 이 프로젝트는 약 20년간 총 5000억엔의 손실을 냈고 최종적으로 1989년에 90퍼센트가 완성된 시설을 파기하는 것으로 막을 내리게 된다. 전면 매각이라는 형태로 완전 철수할 수밖에 없었던 것이다. 왜인가? 이란 국내의 격동하는 정치상황이 존속 자체를 어렵게 만들었기 때문이다. 지금도 하바드 비즈니스 스쿨에서 컨트리리스크(country risk)의 대표적 사례로 연구될 정도로 엉망진창이 되어버린 프로젝트였다. 파기할 때까지 이란 국내에서 일어난 역사적 대사건만 꼽아도, 이란혁명(79년 4월), 테헤란 미대사관 인질사건(79년 11월), 이란-이라크전쟁(80년 9월 개전) 등 열거하기에도 벅차다. 이란-이라크전쟁 때는 이라크 공군기에 의한 폭격의 표적이 되기도 했다.

내가 이 프로젝트에 관여하게 된 것은 테헤란 미대사관

인질사건이 계기였다. 미쯔이물산은 이미 호메이니 혁명에 상당히 곤혹스러워하고 있었다. 여기에 이 사건이 겹친 것이다. "미국의 국무성이 인질 구출을 위한 태스크포스를 만들었다고 한다. 그 팀을 총괄하는 5명의 이란문제 전문가를 만나고 와라"라는 명령이 떨어졌다. 무엇이든 좋으니 이 혼란상태를 벗어날 정보가 필요했던 것이다. 그리하여 나는 이란도 이슬람도 전혀 모른 채 5명의 미국 선생님을 만나기 위해 미국 서해안에서부터 동해안까지 어찌할 바를 모르며 방문하고 다녔다.

호메이니 혁명 직전까지 당시 미쯔이물산의 수뇌부는 친미정권인 팔레비 국왕을 '이란의 메이지 대제'라고 칭송했었다. 호메이니 혁명은 그야말로 청천벽력이었던 셈이다. 혁명에 의해 팔레비 국왕이 해외추방되어 미쯔이물산은 기댈 곳을 잃었다. 그런 생각을 하면서 미국에 도착한 터라 5명의 선생님 이야기에는 아연실색했다. 그 선생님들이 하나의 리포트를 내밀면서 아주 상식이라는 듯이 이렇게 말했기 때문이다.

"전부터 이란혁명＝이슬람 원리주의 혁명이 일어날 것은 알고 있었지."

5명의 선생님 중 세명은 유대인이었다. 그들은 이스라

엘의 정보기관인 모사드 등의 정보를 통해 이란혁명이 일어날 가능성에 대해 이미 경종을 울리고 있었던 셈이다.

망연자실한 나는 귀국하자마자 보고서 하나를 상부에 제출했다.

"중동은 민족이나 종교가 복잡하게 얽혀 있다. 지금부터는 아랍통 정보만이 아니라 유대인 계열 정보나 이스라엘 정보 등을 다각적인 정보원으로부터 입수해야만 한다."

젊은이의 객기어린 보고서였다. 그러나 당시 상부는 '이건 중요하다'며 진지하게 취급해주었다(이런 유연함이 미쯔이물산이란 회사의 흥미로운 점이다). 그리고 처음 제안한 내가 이스라엘행을 지시받았다.

내 인생이 크게 전환한 것은 바로 이때다. 현재의 모든 국제활동의 원점이 이 이스라엘행이었다고 해도 과언이 아니다.

이렇게 해서 이란문제 전문가가 모인 이스라엘의 텔아비브대학의 시로아연구소(현 다얀센터)에 머무르게 되었는데, 당시 이스라엘은 일본이 발을 들여놓기에 주저되는 나라였다. 73년의 석유위기 이후 일본은 석유가 필요했기에 이스라엘에 대한 아랍 보이콧에 협력하는 '아랍 우호국 선언'을 발표했기 때문이다. 나까소네 야스히로(中曾根康

弘) 통산대신(당시)이 진두지휘했고, 미국으로부터는 '기름 구걸 외교'라고 야유받기도 했다. 이 때문에 미쯔이물산뿐만 아니라 일본의 모든 상사가 이스라엘에는 거점을 두지 않았다.

이른바 '기댈 곳 없는 이국'에 '불청객 청년'은 홀몸으로 뛰어들 것을 명받은 것이다. 물론 소개장도 없었다. 당연한 이야기지만 본체만체하는 대응으로 "뭐하러 왔어, 돌아가"라는 이야기를 언제 들어도 결코 이상하지 않은 상황이었다.

정보는 교양의 도구가 아니다

주위를 둘러보아도 일본인이라고는 아끼하바라(秋葉原)의 다이아몬드 관련 기업인 아니면 키부츠 사회주의에 심취하여 종교적 열정으로 가득 찬 사람뿐이었다. 비즈니스맨은 거의 없었다. 그러나 될 대로 되라는 심정으로 마음을 굳게 먹고 여러 루트로 접촉한 끝에 나를 시로아연구소에 소개해준 인물이 나타나 이란 전문가인 D. 메시나리 교수와 면회할 기회를 겨우 얻었다. 이렇게 해서 방문한 시로아연구소에서 나는 '정보'의 진정한 의미를 실감하게 된다.

시로아연구소에는 이스라엘의 존속에 관련된 여러가지 태스크포스가 설치되어 있었다. 나는 그중 하나인 호메이니에 관한 태스크포스에 옵서버로서 방청할 수 있는 기회를 얻었다.

우선 놀란 것이 이 태스크포스가 진정한 의미에서 학제적으로 운영되고 있다는 거였다. 정치, 군사, 종교의 전문가뿐만 아니라 언어학자, 의사, 정신분석의까지 자리를 함께하고 있는 것 아닌가. 그들이 무엇을 하는가 하면, 예를 들어 언어학자는 호메이니가 그때까지 집필한 4권의 책을 손에 들고 이렇게 말했다.

"이 남자는 이런 논리로 사물을 생각하기 때문에 이런 상황에 직면하면 이런 판단을 할 것임에 틀림없다."

혹은 정신분석의나 의사는 친척들에서부터 본인까지 과거의 병력을 전부 조사하여 이런 말을 했다.

"이런 병을 앓는 인물은 이런 언동을 하는 경향이 있다."

이런 호메이니 연구 중에서 가장 놀란 것이 호메이니가 지난주 무엇을 먹었는가 하는 정보까지 도마 위에 올랐던 사실이다. '오이〔瓜〕와 요구르트', 이것은 모사드 경유의 정보임에 틀림없을 것이다. 아무튼 정보를 다면적으로 다각도에서 해석해나가는 기백이 내가 익숙한 일본과 전혀 다른 세계로 보였다.

참고로, 호메이니는 매일 오이와 요구르트만 먹었던 것 같다. 인간이 오이와 요구르트만으로도 90세 넘게 건강하게 살 수 있다는 사실이 지금도 신기하기만 하다.

이 이야기는 이 정도로 하고, 그들의 정보분석 방식을 보면서 절감했던 것은 이스라엘에서 정보란 차나 마시면서 "이란은 앞으로 어떻게 됩니까?" 따위의 말을 주고받으면서 교양을 쌓는 수단이 아니라는 사실이다. 그들에게 정보란 살기 위한 필수품, 필수조건임을 눈이 번뜩 뜨이는 놀라움으로 배웠던 것이다.

이후 내 뇌리에는 정보란 교양을 쌓기 위한 수단이 아니라 문제를 해결하기 위해 여러 각도로부터 수집하는 것이라는 사실이 강력하게 각인되었다.

단편적인 정보를 '전체적 앎'으로 높이는 동인은 문제해결을 향한 강력한 의지인 것이다.

앎: 부조리와 마주하기 위하여

2003년 말, 나는 이전부터 앎의 거인으로 경애해온 평론가 카또오 슈우이찌(加藤周一) 씨와 대담할 기회가 있었다 (대담은 『군축문제자료』 2004년 2월호 게재).

당시 나는 부시 정권에 의한 이라크전쟁 개시에 큰 분노를 느끼고 있었다. 그리고 세상의 '지식인' '문화인'이 하는 말들이 얼마나 공허하며 때론 비열한지 격렬한 분노를 느끼며 시간을 보냈다.

대담이 후반에 접어들었을 즈음 나는 이 나라에서 사용되는 말의 가벼움에 대한 분노를 표출했다. A급 전범이 합사(合祀)되어 있어도 "8월 15일에 야스꾸니에 간다"고 하며 백악관의 국가안전보장회의로 하여금 "토오꾜오재판을 부정하는 것인가" 하는 자세를 취하게 만들고도 역사상 유례를 볼 수 없을 정도로 친미로 일관한 코이즈미 수상(당시)의 말의 가벼움. 이라크전쟁에 빠져드는 미국의 움직임을 임기응변적인 공허한 말로 '해설'하는 지식인의 무책임한 말들. 그리고 "고향은 지구촌"이라든가 "지구에 친절하게" 등의 겉만 번드르르한 표층적 무드(=착각)를 자아내기만 하는 말의 남용.

일본에서 진지함이나 각오를 느낄 수 있는 말이 점점 없어져가는 것을 나는 도저히 좌시할 수 없었다. 그것은 사물을 깊게 생각하는 힘이 믿을 수 없을 정도로 약화되어가고 있음을 나타내는 것이기 때문이다. 이런 생각을 꼭 카또오 씨에게 전달하고 싶었던 것이다.

그러자, 지금도 그 모습이 눈앞에 선명한데, 80세를 넘긴 노인이 눈을 부릅뜨면서 이렇게 말했다.

"지적 활동을 진전시키는, 혹은 일정한 방향으로 나아가게 하는 힘은 지적 능력이 아니라고 생각합니다. 그것은 감정적인, 일종의 직감과 연결된 감정적인 것이라고 생각합니다. 그런데 그 감정이 마비되었습니다, 일본에서는. 아무리 머리가 좋아도 안 됩니다. 눈앞에서 아이가 살해되었을 때 분노하는 능력이 없으면 안 됩니다. 혹은 어떤 감정이 생기지 않으면 안 됩니다. 정보를 수집하는 것만으로는 아무리 해도 안 됩니다."

그리고 이렇게 덧붙였다.

"인간의 존엄이 상처받으면 분노한다─이것은 정신이 독립해 있다는 증거입니다. '일신 독립해서 일국 독립한다'고 후꾸자와 유끼찌(福澤諭吉)는 말했지만, 후꾸자와가 말하는 일신 독립이란 인간의 존엄을 지킨다는 말입니다. 그래서 경우에 따라서는 희생이 뒤따를지 모르지만 그럼에도 그것을 지켜야만 합니다. 그 앞에 지적 세계가 열릴 수 있는 것입니다. 지적 세계를 전개시키는 원동력이 지금 약화되었습니다. 그래서 지금은 지적인 퇴폐가 일어나고 있는 것 같습니다."

나는 이 말을 들으면서 '아, 이 앎의 거인의 본질은 여기에 있었구나' 하고 깊게 이해했다. 훌륭하다거나 하는 이야기가 아니다. 시대와 마주하여 산다는 기백은 이런 거구나 하고 느꼈던 것이다.

우리는 "세계를 안다"는 말을 귀로 접하면 '교양을 쌓아서 세계를 내다본다'고 이해하는 경향이 있다. 그러나 그런 태도로 쌓은 교양 따위는 아무런 도움이 되지 않는다. 세계를 알면 알수록 세계가 부조리로 가득하다는 사실이 보일 것이다. 그 부조리에 대한 분노나 문제의식이 전율할 정도로 가슴에 각인되지 않는다면 인간으로서의 앎이라고 할 수 없다. 단순한 지식은 컴퓨터에나 쌓아두면 된다.

세계의 부조리에 눈을 돌리고 그것을 해설하는 것이 아니라 행동함으로써 문제해결에 이르고자 하는 일. 이런 정념을 품고 세계와 마주하지 않는다면 세계를 알더라도 아무런 의미가 없다.

카또오 씨의 명저 중 1960년대 후반에 『아사히저널』에 게재된 글을 두권으로 묶어 나중에 이와나미신서로 나온 『양의 노래』라는 자서전이 있다. 이 책 마지막은 60년 안보투쟁이 신안보조약 성립이라는 형태로 종언을 맞이한 당시의 장면으로 장식되어 있다. 여기서 카또오 씨는 "전후의 한 시대가 여기서 끝났다"고 느끼면서 새로운 출발을 향해 자신의 마음속 깊은 곳을 향해 이렇게 말한다.

생각해보면 어릴 때부터 나는 주위를 알려고 하기보다는 나 자신 속에 갇혀 살아왔다. 그 경향은 전시에 더욱 강해졌다. 그러나 전후 15년 동안 나는 거꾸로 주위에 눈을 돌려 얼마간의 경험을 했고 많은 관찰을 해왔다. 그러나 그런 경험과 관찰은 내 속에서 각각 독립해 있어서 그 사이의 관계가 명확하지 않았다. 그 관계가 조금씩 보이기 시작한 것에 대해서는 명확히 포착하여 경험과 경험 사이의 연결성을 구축해야만 하고, 개별적인 관찰을 내 세계 전체 속에 자리매김할 필요가 있을 것이다. 그런 욕구는 내 속에서 점차 강해지려 하고 있었다.

나는 여기에서 진정한 지식인의 혼을 본다. 그리고 내가 이어받을 각오를 하는 것은 이 혼이라 생각한다.

홀로 이국의 거리에 설 기회를 거듭해왔다. 여수(旅愁)라는 말이 있는데, 지금 이 순간 이 거리에서 자신이 없어진다고 해도 이 거리는 어떤 아픔도 느끼지 않은 채 계속 움직일 것이라는 생각이 가져다주는 적막감이라고 할 수 있을 것이다. 수많은 지인이나 친구가 있더라도 자신이 그 거리에서 창조나 생산에 관여하지 않는 한 그 장소는 공허할 따름이다. 인간이란 신기한 존재여서 그 장소와 자신 사이의 관계성을 실감할 수 없는 한 외로운 '이방인'인 것이다. 인간은 사회와 시대에 관여할 때 처음으로 인간이 된다고 생각한다. 고독감과 적막감 속에서 어떤 사물을 바라보면서 문득 떠오르는 문제의식, 즉 '문제가 무엇이며 나는 사회에서 무엇을 해야 하는가' 하는 의식이 나를 움직여왔다고 생각한다.

"해외에서 생활하는 인간은 애국자가 된다"는 말이 있다. 해외에서는 싫어도 자신이 일본인임을 의식하지 않을 수 없는 기회가 많아지기 때문이다. 되돌아보면 일본의 현실과 '대비'함으로써 자연스레 일본이 의식되기 때문이리라. 물론 한편에서 "미국에서는"이라든가 "런던에서는"이라고 말하며, '에서는'이 입버릇이 되어 일본에 대해 극단적으로 부정적인 자세를 취하는 사람도 있지만, 그들 또한 고향 일본에 대한 높은 관심을 그렇게 표현하고 있을 뿐이다. 일본을 상대화해서 파악하려는 쿨한 시선을 당사자 의식을 갖고 일본의 존재방식에 관여해나가는 힘으로 전환시켜야 한다.

내 생활을 되돌아보면 비행기 속에서, 그리고 열차 속에서 고민을 거듭하면서 살아온 것 같다. 이 이동공간은 혼자만의 시간이 확보될 수 있는 장이기도 하며, 침사묵고(沈思黙考), 떠난 장소에서 목격하고 확인한 일을 정리할 수 있는 귀중한 기회이기도 하다.

우연이지만 걸프전쟁 개전도, 이라크전쟁 개전도 워싱턴에서 일본으로 향하는 태평양 상공에서 ANA 탑승원의 메모로 알았다. 2001년 '9·11 동시 테러'는 빠리에서 나리따에 도착한 직후에 발생했는데, 빠리에서 탄 항공기 안에서 쓴 원고는 "불길한 예감"이란 말로 시작한다. 이 해에 등장한 부시 정권이 너무나도 자국이해 중심주의에 편중되어 환경에서부터 핵의 비확산까지 국제사회의 룰 만들기에 동참하지 않으려는 경향을 강화하고 있음을 유럽에서 실감한 데 대한 보고였다. 그런 부시 정권이 초래할 위험에 대한 불안의 표현이었던 셈이다. 불안은 현실이 되어 21세기의 시작은 피비린내 나는 사건이 열어젖혔다.

이 세계를 움직이는 것은 무엇일까? 이 물음을 마음에 담고서 지금까지 돌아다닌 세계를 상기하면서 이 책을 정리했다. 이 책은 젊은 학생들이나 현장을 지탱하는 직장인, 시대를 날카로운 감도(感度)로 바라보고 있을 지적 여성에게 이야기해주기 위해 쓴 것으로, 이것을 손에 든 여러분들이 무언가를 떠올리게 된다면 뜻하지 않은 기쁨이리라.

마지막으로 내 마음속의 메시지로 남아 있는 '마지널 맨(marginal man)으로 사는 법'에 관해 이야기해두고 싶다. 1973년 1차 석유위기의 해, 대학원 2년을 거쳐 미쯔이물산 신입사원으로서 사회에 첫발을 내디딘 이래 나는 '마지널 맨'이라는 말을 마음에 담고 살아왔다. 마지널 맨이란 경계인이라는 의미로, 복수의 계(系)의 경계에 서서 산다는 의미다. 하나의 다리를 자신이 속한 기업과 조직에 두고 그곳에서의 역할을 마음을 다해 수행하면서, 다른 한편에서는 조직에 매몰되는 일 없이 다른 한쪽의 다리를 사회에 두고 세계의 존재방식이나 사회 속에서의 자신의 역할을 바라보는 삶의 방식, 그것을 마지널 맨이라고 부른다.

직장인으로서 소속된 조직에 참여하고 그곳에서의 일에 적극적으로 공헌하여 평가를 높이기 위해 노력하는 일은 매우 중요하다. 나 자신 미쓰이물산이라는 회사에 소속되어 많은 동료들과 힘을 합해 경영과제에 도전할 수 있었던 것은 아주 귀중한 체험이었다.

하지만 회사조직을 유일한 세계라고 생각하고 '우리 회사' 의식에 매몰되어 가축 아닌 사축이 되어 나의 존재 모두를 양도하지는 않으리라는 의식을 잃어버린 적은 없었다. 내 시간을 확보하려 노력하여 회사 바깥의 연구회에 참여하거나 필드워크를 시도하거나 해서, 그것을 매일 밤 책상 앞에서 정리하여 작품을 만들어왔다.

'충성심'이라는 말로, 기업은 모든 인생을 '회사에 바치는 삶의 방식'의 인간만을 평가한다는 생각이 있다. 그러나 그렇지 않다. 한편의 다리를 사회에 두고 소속 조직을 객관적으로 보는 힘을 가진 인간도 필요로 한다. 특히 시대는 성장일변도의 '종신고용, 연공서열의 시대'가 끝나가는 때다. 소속의식을 잃으면 살아가지 못하는 허약한 직장인이 아니라 기능과 전문성을 가진, 범용성 높은 인간을 필요로 하고 있는 것이다. 스스로의 테마를 갖고, 스스로의 라이프스타일을 관철할 의지를 가지면서 소속 조직에 성실히 참여하는 일, 이것이 마지널 맨의 삶의 방식인 것이다.

나의 경우 경영기획과 정보분석이라는 일을 하면서 산(産)·관(官)·학(學) 사이의 앎의 네트워크 속에서 마지널 맨으로서의 의지를 나선형으로 확충시켜왔다고 할 수 있다. 산(産)이라면, 말할 필요도 없이 미쯔이물산이라는 종합상사를 무대로 산업계가 마주한 구체적 과제에 널리 관여할 수 있었다.

관(官)은, 노다 카즈오(野田一夫) 선생과의 인연으로 재단법인 일본총합연구소(日本總合研究所)의 활동에 참여하게 되어 공공정책 지향의 싱크탱크 활동에 뛰어듦으로써 경험했다. 각 성·청의 심의회나 위원회에 참가하여 정책과학에 대한 시야를 넓힐 수 있었다.

학(學)으로 말하자면, 내 잠재의식에 대학의 교단에 서서 후진 지도에 힘쓰고 싶다는 교육에 대한 관심이 있었기 때문이기도 한데, 1997년 10년간의 미국생활을 마친 이후 와세다대학 대학원 아시아태평양연구과 등에서 '국제정보전략론' 강의를 할 기회를 얻은 것이 계기가 되었다. 2009년부터는 타마대학의 제5대 총장으로서 본격적으로 교육에 뛰어들고 있다.

"당신은 바쁜데 여러 역할을 맡아 힘들겠네요?"라는 질문을 받곤 한다. 하지만 이야기는 거꾸로다. 산·관·학의 경계를 바라봄으로써 각각의 상관관계 속에서 시대가 선명하게 보이기도 하기 때문이다. 내 마음속에서는 산·관·학의 씨너지 속에서 하나의 일을 관철하고 있다는 실감이 있다. 세계를 알고 과제에 도전한다는 일이 그것이다.

시대는 단편적으로 분단된 지성이 아니라 점점 더 종합화되고 체계화된 지성을 필요로 한다. 그런 방향으로 내 주위에서 현장을 지탱하는 젊은 지성을 기르는 일, 여기에 큰 의욕을 느낀다.

마지막으로, 이 책을 쓰는 동안 각 방면의 많은 분들이 협력해주셨다. 특히 글로벌 인포메이션 네트워크 종합연구소, 테라시마문고, 미쯔이물산 전략연구소 관계자, 그리고 편집작업의 노고를 맡아주신 후찌사와 스스무(淵澤進) 씨와 PHP연구소 신서출판부의 요꼬따 노리히꼬(横田紀彦)씨에게 이 자리를 빌려 진심으로 감사의 마음을 전한다.

2009년 11월, 쿠단의 테라시마문고에서

테라시마 지쯔로오

세계를 아는 힘, 동아시아공동체의 길

테라시마 지쯔로오·백영서

테라시마 지쯔로오는 한국에는 그다지 알려지지 않았지만, 일본에서 가장 활동적이고 영향력 있는 대표 지식인이다. 2009년 여름 민주당이 정권을 잡은 후 하또야마 총리의 "오랜 벗으로서 외교정책의 브레인"(『아사히신문』, 2009.12.8)이라 해서 언론의 총아가 되었다. 또한 2010년 1월에 출간된 『세계를 아는 힘』은 석달 만에 13쇄를 찍고 15만부(2010년 3월 말 현재)를 돌파한 베스트셀러다.

● **백영서 白永瑞** 계간 『창작과비평』 주간이며 연세대 사학과 교수와 국학연구원장으로 재직 중이다. 저서로 『동아시아의 귀환』 『동아시아의 지역질서』(공저) 『동아시아인의 '동양' 인식』(공편) 『대만을 보는 눈』(공편) 『思想東亞: 韓半島的視角與實踐』 등이 있다.

　그는 산(産)·관(官)·학(學)의 경계를 넘나드는 활동영역을 갖고 있는 독특한 경력의 소유자다. 1947년 홋까이도오에서 출생하여 와세다대학에서 정치학 석사과정을 수료한 뒤 종합상사 미쯔이물산에 입사한 이래 워싱턴사무소장 등 오랜 기간 미국 지사에서 근무했다. 현재는 미쯔이물산의 전략연구소 회장이자 재단법인 일본총합연구소 회장으로서 공공정책 분석활동을 하는 가운데 타마대학 학장직도 맡고 있다. 텔레비전이나 라디오 방송에도 자주 출현해 시사문제에 대해 발언하면서 왕성한 집필활동도 계속하고 있다.

　내 주변의 일본 지식인들은 그가 시야 넓은 지식인으로

서 미국을 잘 알면서도 비판적인 견해를 갖는 인물이라고 입을 모아 말한다. 일본의 오래된 비판적 잡지 『세까이(世界)』의 전 편집장 오까모또 아쯔시(岡本厚)는 그의 주장이 학자나 언론인이 아니라 비즈니스 경험에 근거한 실물감각에서 나온 것이란 데서 강점을 찾을 수 있다고 귀띔한다. 미국·중국 등에 정통한 그의 입장은 『세까이』의 새로운 변화를 상징한다. 『세까이』 지면에서 원로 정치학자 사까모또 요시까즈(坂本義和)와는 다른 입장에 서지만 그와 더불어 중요한 위치를 차지하고 있다.

정권교체를 이룩한 일본의 민주당이 새로운 한일관계의 길을 열어 동아시아 평화와 공생의 시대를 창출할 수 있을지, 창비 독자와 함께 점검해보기 위해 테라시마 지쯔로오와의 대담을 마련했다. 사전에 일본어로 작성된 질문서를 보냈고, 이를 바탕으로 토오꾜오에서 일본어로 대담이 진행되었다. (백영서)

'한일병합' 100년을 돌아보는 복잡한 생각

백영서 테라시마 선생은 일본이 후발 제국주의국가로서 '열강의 일익을 담당하는 일등국'의 꿈을 좇아 아시아에서 패도(覇道)를 추구한 근대사를 비판적으로 돌아보면서, 당시 세계사에서의 일본의 역할을 자각하고 아시아의 시선을 마음으로 공명하는 지도자가 존재하지 않았음을 안타까워하는 글을 쓴 적이 있습니다. 일본의 근대사를 아시아 속에서 총괄할 필요성을 제기한 선생의 주장에 공감합니다. 저 역시 '시간과의 경쟁'에 쫓긴 일본을 비롯한 동아시아 근대사를 비판적으로 돌아보면서 '이중의 주변의 시각'을 갖자고 주장한 바 있습니다(『아사히신문』 2010.3.19 칼럼). '한일병합' 100주년인 2010년을 맞아 지난 100년 일본 역사에 대한 견해를 한국 독자들에게 간단히 말씀해주시는 것으로 이 대담을 시작하고 싶네요.

테라시마 보내주신 질문서에도 그러한 문제의식이 넘쳐 감명받았습니다만, 일본의 입장에서 한반도문제는 대단히 중요한 것입니다. 역사를 거슬러 올라가보면 일본이 얼마나 한국의 문화·문명에 영향을 받아왔는지 알 수 있습니다. 한국은 일본에 유라시아대륙의 문명·문화를 전해주는 회랑 같은 역할을 해온 곳입니다. 그렇기 때문에 여러 역사적 사건이 일본과 한반도 사이에서 전개되어왔던 것이고요. 대단히 복잡한 생각으로 과거를 되돌아보지 않으면 안 되게 됩니다. 특히 올해(2010)는 한일병합 100년이 되는 해인데요, 저는 일본근대사에 대해서 어떤 의미의 엄격한 시선을 갖고 있습니다. '그건 그것대로 괜찮았다'는 식이 아니라 대단히 유감스러운 마음으로 일본근대사를 돌아보는 입장입니다. 일본근대사는 이중구조를 띠고 있습니다. 이것은 제가 만든 말인데, '아시아에 가까워진다'는 의미의 '친아(親亞)'라는 입장과, '아시아를 침략한다'는 '침아(侵亞)'*의 이중구조라는 말입니다. 이런 이중구조야말로 골치아픈 테마이자, 일본근대사를 깊이 성찰하는 시선으로 파악하지 않으면 안 되는 것입니다.

1885년에 후꾸자와 유끼찌(福澤諭吉)가 「탈아론(脫亞論)」을 썼습니다. 거기서 후꾸자와는 구주(歐洲)를 모방하여 국가의 진로를 잡지 않으면 안 된다, 그러기 위해서는 아시아로부터 탈피해야 한다는 중요한 문제의식을 전개했습니다. 그리고 아이러니하게도 후꾸자와가 「탈아론」을 쓴 그해에 타루이 토오끼찌(樽井藤吉)는 『대동합방론(大同合邦論)』을 썼습니다. 이것은 일종의 '아시아주의'의 전형적인 책으로, 아시아와 연대하여 요즘 말하는 '아시아공동

● '친아(親亞)'와 '침아(侵亞)'는 일본어로 똑같이 '신아(しんあ)'로 발음한다.

체'라는 것을 만들어 구미(歐美)에 맞서지 않으면 안 된다고 주장했던 것입니다. 요컨대 후꾸자와 타루이가 제시한 이 두 문제의식이 새끼줄 엮이듯, 바이오리듬처럼 교차해 나온 것이 일본이 아시아와 관계맺는 방식이었던 것입니다. 거두절미하고 말하자면, 구미와의 관계가 원만하지 않아 안 좋은 상황에 빠지면 일본은 돌연 아시아의 일원이라고 말하면서 대동아공영권 같은 것을 주장하고 일본을 리더로 한 아시아의 결속이라는 입장으로 아시아에 회귀했지요. 그런데 전쟁에 지고 1964년 토오꾜오올림픽이 열리던 해에 코오사까 마사따까(高坂正堯)가 「해양국가 일본의 구상」이라는 논문을 썼는데요. 여기서 그는 일본이 복잡한 아시아와의 관계에 얽매이기보다는 세계 7대양을 차지하여 이른바 통상국가, 해양국가로 나아가는 노선을 취하는 편이 낫다고 주장합니다. 이것을 저는 전후판 '탈아론'이라고 봅니다.

백영서 탈아와 아시아주의의 바이오리듬적 교차, 아시아주의가 바이오리듬처럼 되살아나는 바로 그러한 역학에서 일본이 살아왔다는 설명은 마치 일본근대사 강의를 듣는 것 같네요.(웃음) 이제는 바로 한일병합 얘기로 들어갔으면 합니다.

테라시마 그럼, 한일병합 문제를 생각해보지요. 그때 일본의 판단에 대단히 중요한 충격을 준 것이 실은 미국의 움직임이란 사실을 강조하고 싶습니다. 1898년에 미국은 에스빠냐와의 전쟁에서 승리하고 푸에르토리코를 영유(領有)하고 필리핀을 거의 영유하는 형태로 아시아에 본격적으로 진출하기 시작했습니다. 요컨대 뒤늦은 식민지제국 미국이 아시아에 출현한 것과 일본이 청일전쟁에서 승리해 중국을 본격적으로 침략하기 시작한 것의 타이밍이 일치했다는 사실이 20세기 미일관계의 비극의 서막이라고 할 수 있을 겁니다.

거기에 한일병합에 대한 일본의 동기부여에 대단한 충격을 주었던 것이 실은 미국의 '하와이 병합'입니다. 이것은 대단히 괴로운 이야기이지요. 조사해보니 흥미롭게도 당시 일본 지도부의 인식 속에는 미국이 하와이에서 행한 일이 한일병합의 밑그림이 되어 있었다는 점입니다. 그런데 1998년 미국은 과거 쿠데타를 일으키고 하와이 왕정을 전복시킨 일에 대해서 상하 양원이 사죄 결의를 했습니다. 100년이 지난 시점에 사죄 결의를 한 것입니다. 이것은 어떤 의미에서 미국의 성실함이라고 할 수도 있지요.

요컨대 한일병합의 복잡함이라는 것으로 정당화하려는

의도는 아니지만 19세기 말부터 20세기 초까지의 세계사 조류를 볼 때, 한국은 실로 불행하게도 그 지정학적 역학이 충돌하는 곳이 되었던 거지요. 여기서 자극적인 얘기를 할 생각은 없습니다만, 가령 제가 19세기 말부터 20세기 초의 일본의 정치 리더였다면, 미국이 필리핀을 영유하고 아시아로 진출하고 하와이를 병합하는 움직임을 보이는데 일본은 아시아와 동등한 시선에서 연대해간다는 구상을 할 수 있었을까, 그것은 심히 어렵지 않았을까 하고 생각해요. 즉 민족의 에너지가 청일전쟁과 러일전쟁에서 승리함으로써 분출하고 불타오를 때, 가령 히비야(日比谷) 폭동사건* 등이 일어나는 가운데, 과연 국민의 고양된 의식을 억누르면서 한일병합을 피하고 한국의 자립을 도모하며 한국과 연대해서 아시아에서 안정된 힘을 배양해간다는 구상을 펼칠 수 있는 견식있는 리더가 될 수 있었을까 하고 생각해봅니다. 이것이 저의 솔직한 생각입니다.

백영서 한일병합을 정당화하려는 것은 아니지만 이는 실로 불행한 역학구도에서 이뤄졌다는 말씀의 취지는

---

* 러일전쟁 후 전쟁배상금에 대한 대중의 불만이 1905년 9월 5일 토오꾜오 히비야공원의 집회를 계기로 폭동으로 번진 사건.

잘 알겠습니다만, 그것은 특히 한국인의 역사이해와는 거리가 상당합니다. 한국인이 아닌 당시 일본인 사이에서도 그런 대외팽창의 길을 걷는 것 말고 다른 길을 주장한 흐름이 있었다는 것에 주목할 필요가 있지 않을까요? 러일전쟁 무렵 대일본주의와 소일본주의, 즉 소국주의(小國主義) 논의가 있었지요. 대국주의에 비판적이면서 대외팽창이 일본에 손해라고 지적한 이 흐름은 이후 자유민권운동이나 타이쇼오(大正)민주주의의 형태로 지속되어왔습니다. 물론 이것은 소수파의 주장이었고 '미발(未發)의 계기(契機)'였지요. 그러나 이런 흐름까지 염두에 두고 일본근대사를 성찰적으로 돌아보지 않는다면 역사문제는 오늘날 일본이 아시아로 돌아오는 데 장애가 될 수밖에 없지요. 실제 현실에서 한일 간 역사인식의 차이는 양국관계의 커다란 쟁점으로 남아 있잖아요.

선생의 이야기를 듣고 떠오른 생각입니다만, 미국의 하와이 병합 사죄 결의처럼 한일 간 역사인식의 문제를 해결하기 위한 일본정부의 사죄는 가능하다고 생각하십니까? 한일병합 100년이 되는 올해(2010)에 그렇게 된다면 매우 뜻깊을 것이라고 생각합니다. 올해, 한국과 일본의 지식인들이 연대해서 새로운 선언을 준비하고 있는 것으로 압니다.* 양국의 역사인식 문제를 해결하기 위해서 어떠한 역할을 할지 기대가 됩니다. 또한 1995년의 '무라야마(村山) 담화' 즉 최초로 일본정부의 총리(무라야마 토미이찌村山富市)가 식민지 지배와 침략을 인정하고 사과한 것을 넘어서는, 한층 높은 차원의 선언이 나올 수 있을지에 대해 한국에서는 민주당과 일본정부의 움직임을 주시하고 있습니다. 이런 절차를 거칠 때 본격적으로 과거를 청산하고 한국과 일본의 미래지향적인 관계를 구축할 수 있다고 여겨집니다만, 선생은 어떻게 생각하시는지요?

테라시마 솔직히 말해서 민주당정권이 한일병합 100년을 맞아 사죄할 필요가 있다고 생각하지 않습니다. 물론 일본 측에 책임을 물어야 할 사건이 100년 전에 일어났다고 하는 것에 대한 올바른 역사인식은 필요하다고 생각합니다.

대화를 나누는 자리에서 역사인식의 문제에 대해 더 길게 얘기할 수 없어 아쉬웠다. 현재 일본에서는 이와 관련

● 대담이 끝난 뒤인 2010년 5월 10일 한일 지식인 214명은 한일병합조약이 '불의부당'했다는 데 의견을 함께하고, 병합조약에 대한 일본정부의 진전된 입장 표명을 촉구하는 공동성명을 발표했다―편집자.

해 '가해'와 '피해'의 이분법적 역사이해를 넘어선다면서, 뒤늦게 제국주의 경쟁에 참여한 일본이 처음부터 침략의 의도를 품었던 것이 아니라 조숙한 제국주의국가로 전환해온 복잡한 굴절과정을 겪었다고 설명하는 경향이 강한 것 같다. 그런데 긴 시간대에서 돌아봤을 때 한국병합이 과연 일본의 '국익'에 보탬이 되었는지 따져볼 필요가 있지 않을까. 한일병합이 없었더라면 만주사변과 중일전쟁, 급기야는 태평양전쟁과 패전으로 이어지는 역사가 달라졌을 것이다. 그만큼 한국병합을 보는 시각은 일본사를 돌아보는 데 관건적인 것이다. 그래서 역사문제의 해결을 위한 새로운 '하또야마 담화'를 요구하는 소리가 양국에서 커지는 것 아닌가. '사죄'나 '담화'는 단순히 지나간 역사문제가 아니라 현실의 사안이자 미래사에 대한 의지를 담은 것이기에 더욱더 중요하다.

한국인들이 일본의 정권교체 후 아시아를 중시하는 민주당정권에서 역사문제가 해소되는 방향으로 나아갈 것을 크게 기대하고 있는 것도 그 때문이다. 그런데, 최근 불거진 초등학교 교과서의 '독도' 기술 문제나 행정쇄신상(行政刷新相)의 '식민지의 필연성' 발언으로 한국에서는 실망하는 분위기가 역력해졌다. 이런 현상이 연립정권의 한계나 관료제 문제가 표출된 탓인지 모르겠으나, 재일동포와 관련되어 외국인 참정권 문제나 쿄오또(京都)의 민족학교에 대한 재특회(在特會)의 공격*에서 드러난 시민사회의 새로운 움직임 — 누구는 그것을 '아래로부터의 파시즘운동'의 단서가 될 가능성으로 본다 — 과 겹쳐볼 때 우려하지 않을 수 없는 것이다. 사전에 보낸 질문지에는 이와같은 내용이 들어 있었으나, 이에 대해서는 논의가 더 이어지지 못했다.

미국과의 관계를 어떻게 재설정할 것인가

역사인식 문제에 이은 두번째 주제는 그의 독특한 발상인 '친미입아(親美入亞)'와 동아시아공동체였다. 일본이 미국을 중시할 것인가 아시아를 중시할 것인가는 양자택일의 문제가 아니라 동시 진행해야 할 방향이라는 그의 주장은 시사하는 바 크다. 현재 민주당정부의 외교노선 또한 적어도 표면적인 수사로는 일단 이 방향을 택하고 있는 것

---

* '재일(조선인)의 특권을 허용하지 않는 시민의 모임'이 2009년 12월과 2010년 1월 쿄오또 조선 제1초급학교에 들이닥쳐 폭언을 하며 교사와 학생들을 위협한 사건.

처럼 보인다. 미일관계와 관련해 그는 오래전부터 미국에 대한 "과잉의존·과잉기대의 관계에서 성숙한 관계로 높여가야" 한다든가, "국제사회에서 일본의 자리를 자립자존의 방향으로 가져가는 것"을 주장했다. 그리고 그 핵심으로 주일미군기지 문제를 "메이지시기에 일본의 비원(悲願)이었던 조약개정에 비할 만한 '정기(正氣)와 자존(自尊)의 회귀(回歸)'"라고까지 말한 바 있다. 그런데 실제로 민주당정부가 미국과의 대등한 관계를 주장하면서 오끼나와의 주일미군기지 이전 문제를 들고 나오자, 일본은 커다란 여론분열에 처하게 되었다. 미일군사동맹에 변화를 제기하는 논의에 극단적인 거부반응을 보이는 사람들이 적지 않은 게 일본의 현실이다. 이런 반대여론에 대해 그는 "미디어를 포함한 일본 인텔리의 표정에 뿌리깊이 존재하는 '노예의 얼굴'"이라고 꼬집은 바 있다. 그가 주장하는 새로운 미일관계는 경제에서는 협조관계를 심화하고(미일자유무역협정), 안전보장에서는 미일의 군사협력관계의 유지를 전제하면서도 '주일미군기지 없는 안보' 및 대외 '비핵 경무장 경제국가(非核輕武裝經濟國家)'의 기축을 지키는 전략을 추진하는 것이다. 그다음, 그가 말하는 '입아'에서 아시아는 다분히 중국을 의식한 것이다. 그는 일본의 무역

구조를 분석하여 "일본이 대미무역으로 밥을 먹는 것은 이제 옛말. 이미 대중화권을 중핵으로 하는 아시아와의 무역으로 밥을 먹는 시대에 들어서 있다"고 하면서, 중국을 비롯한 아시아를 중시하자고 한다. 그래서 그는 '일·미·중 트라이앵글'을 내세운다.

백영서 선생의 '친미입아'라는 발상은 대단히 흥미롭습니다. 한국에서도 아시아 국가전략 속에서 미국과 중국의 관계는 중요합니다. 선생의 책을 읽고 이 아이디어를 발견했을 때, 정말 신선하고 또한 의미있는 문제의식이라고 생각했습니다. 대개는 '친미'와 '입아'를 양자택일적으로 보는 데 익숙하기 때문입니다. 한편 어떤 의미에서는 이상적인 발상이 아닐까 싶기도 했습니다. 그렇지만 지금 일본의 상황을 생각하면, 이것은 이상이 아니라 현실의 문제가 되어 있습니다. 한 예로, 한창 논쟁중인 오끼나와 미군기지 문제에 관해서 의견을 듣고 싶습니다.

테라시마 제가 '친미입아'를 계속 말해온 의미를 말씀드리겠습니다. 일본과 한국은 냉전기에 미국과의 협력관계를 기반으로 전후의 안정적인 시기를 거쳐, 부흥과 성장이라는 경제적인 풍요로움을 실현해왔습니다. 이 점은 정확히 평가하지 않으면 안 된다고 생각합니다. 적어도 냉전이 끝날 때까지의 메커니즘으로서 미일안보조약 등이 유효하게 기능했던 것은 높이 평가할 만합니다. 그러나 냉전이 끝난 지 20년, 태평양전쟁이 끝난 지 65년이 된 지금, 점차 냉전 후의 아시아에 관한 새로운 구상이 필요하다고 할까요, 미국에 과잉 의존하거나 기대하는 틀로부터 탈피해야 하지 않을까 생각하는 겁니다. 반미나 혐미(嫌美)가 아니라 미국과의 관계를 중요하게 다지면서도, 다른 한편으로 아시아에서 새로운 전개를 해나가기 위해서 아시아와 중층적 관계를 맺는 것이 이제부터 일본에도 중요하다고 생각합니다. 일본의 입장에서 아시아는 크게 둘로 나뉘지요. 그런데 동남아시아와의 관계 그리고 한·중과의 관계는 질적으로 다릅니다. 얼마 전 싱가포르에 있는 ASEAN 사무국에 다녀왔는데, 반둥회의 이후 일본은 동남아시아 국가들과의 신뢰관계를 회복하는 것 위에서 구체적인 단계를 밟아왔습니다. 하지만 그보다 중요한 중국이나 한국과의 관계에서는 선생께서 말씀하신 미묘한 공기의 차이, 불신의 감정이 있는 것이 사실입니다. 아무리 한일관계, 중일관계가 중요하다고 말하고 서로 인적 자원을 교환하더라도 말과는 다르게 속에서는 서로 뭘 어떻게 해도 풀

수 없는 것이 있어요. 작년 11월에 베이징대학에 가서 강연을 했을 때도 앞서 물으신 사죄와 비슷한 질문이 하여튼 나오기 마련이더군요.

백영서 그것이 한국과 중국 민중의 일반적인 감정입니다.

테라시마 음, 감정이군요. 그들이 일본에 대해 아직도 뿌리깊은 불신감을 지니고 있음을 잘 알 수 있었어요. 가령 저는 미일안보에 관해서 미국이 일본에서 기지를 단계적으로 축소하고 지역협정을 개정해야 하며, 그렇게 해서 일본은 주체적 자립성을 회복해야 한다고 주장하고 있습니다. 그러한 저의 주장을 듣고 있던 학생으로부터 재미있는 질문을 받았습니다. 이른바 '병뚜껑론'입니다만, 일본에서 미국이 기지를 정리하고 떠나버리면 실은 중국이 불안해진다는 것입니다. 일본 군국주의를 억누르는 병뚜껑으로서 미군이 유효한 역할을 하고 있기 때문에 미국이 떠나면 막상 중국이 가장 불안하게 된다는 거지요.

백영서 한국도 마찬가지예요. 그렇게 생각하는 사람이 있지요.

테라시마 음, 한국에서도 그렇군요. 그 배경에는 중국의 경우 난징학살이라든가 종군위안부에 대한 분노가 있겠지요. 우리 입장에서 보면 실로 절실하게, 우리가 살아가는 현재가 아닌 과거 일본이 인접국들에 커다란 문제를 일으켰던 점에 대해 깊은 슬픔을 공감합니다. 그러면서도, 또 그 얘기냐 하는 느낌 역시 있어요. 쉽게 말하자면, 현실 문제로서 상호불신이 존재하고 있는 것입니다. 상호불신이 존재한다는 것을 전제로 인정하고 어떻게 관계를 진전시켜갈 것인지를 생각해야지, 그저 상호불신을 없애자고 말하는 것만으로는 진정한 해결이 어렵습니다. 가령 대개의 일본인은 중국이 경제적·군사적으로 강대해지는 것에 대단한 경계심이 있습니다. 중국 또한 틀림없이 일본이 군국주의 같은 것을 부활시키면 곤란하다는 게 본심일 겁니다. 한국인들도 일본에 대해서 깊은 경계심과 불신감을 틀림없이 품고 있을 겁니다. 일본인 중에서도 한국이 2009년부터 분발하여 V자형 경제회복을 하고 힘을 키우고 있는 것에 민감해져 있는 사람도 있고, 아랍에미리트의 원자력 프로젝트에서 한국과 경쟁해서 패한 일을 두고 굴절된 내셔널리즘 같은 일종의 반발심을 가지고 있는 사람도 있을 겁니다.

제가 말하고 싶은 것은, 상호불신이 엄연히 존재하는데 상호불신은 없다고 눈 가리고 아웅 하는 것이 아니라, 상호불신을 전제로 하면서도 전진할 방법은 없는 것일까 하는 점입니다. 저는 그것을 '단계적 접근법'이라고 말합니다. 친미입아로 이어지는 얘기입니다만, 오늘날 한중일 사이에서 동아시아공동체 같은, 겉만 그럴싸한 말이 난무하고 있습니다. 하지만 EU 같은 공동체가 내일이라도 생길지 모른다고 진심으로 생각하는 사람이 있다면 대개 미련한 사람입니다. 왜냐하면 뿌리깊은 상호불신이 존재하기 때문입니다. 하지만 여기에서 잘 생각해볼 것이 유럽의 EU도 그 출발점은 상호불신이었다는 사실입니다. 프랑스와 독일 사이의 억누를 수 없는 상호불신이 거꾸로 에너지가 되어 EU라는 것에 단계적으로 가까워져갔습니다. 그러한 의혹에서 프랑스와 독일의 커뮤니케이션이 시작되었습니다. 유럽석탄철강공동체(ECSC) 같은 것에서부터 논의가 시작되어 그것이 단계적으로 축적되어 지금은 27개국 체제가 되었고, 누구도 믿을 수 없었던 유로화라는 공통의 통화까지, 물론 참가하지 않은 나라들도 아직 있지만, 단계적으로 생겨났던 것입니다.

동아시아공동체도 비전과 과장, 그리고 겉만 그럴싸한 것만으로는 안 됩니다. 역사가 마음속 깊이 새겨져 있고 증오마저 품고 있는 사람도 있겠죠. 세대가 바뀌고 일본도 전후(戰後) 태생이 전인구의 80퍼센트를 넘었어요. 전후라는 시대가 65년이나 지난 현재에는 상호불신은 있지만 이제 서로에게 플러스가 되도록 해야 합니다. 예컨대 대학끼리의 교류를 심화시키기 위한 새로운 협정도 있겠고, 금융연대, 환경·에너지 문제에서의 연대, FTA적인 접근 등입니다.

백영서 기능적인 접근이 필요하다는 것이군요. 그런데 이 문제와 관련해서 중국을 어떻게 이해할지라는 문제가 있습니다. 일본에서는 중국위협론도 상당히 영향이 큰 것 같습니다. 특히 우익은 이 점을 아주 강조하면서 민주당정권에게 친미냐 친중이냐 둘 중 하나를 선택하라고 압박하는 게 아닌가 싶어요. 이에 비해 선생은 중국 본토만이 아닌 대중화권이란 네트워크에 착목해서, 중화민족이 각각의 역할을 잘 분담하는 형태로 대중화권을 형성한다는 시나리오를 실행한다면 중국이 다른 사회주의국가에서는 실행할 수 없었던 번영을 손에 넣을 수 있다고 봅니다. 저는 대중화권이란 네트워크가 정치안보, 경제, 문화의 세 수준에서 서로 불균등하게 발전하고 있다고 봅니다. 그런데 그것이 강대하고 중앙집중적인 중화인민공화국을 추동력으로 삼아 작동된다고 하는 견해도 있지요. 그래서 저는 그 네트워크가 제도화된다면 연방제(federation)나 국가연합 (confederation) 같은 느슨한 결합체여야 하지 그렇지 않다면 문제라고 생각합니다. 일본의 중국위협론과 관련하여, 중국의 규모가 일본이나 한국보다 크다는 점을 고려한 속에서 선생의 중국관을 이야기해주셨으면 합니다.

테라시마 중국이 너무나 강대해지면, 거꾸로 한일의 연대가 중요하게 될 것이고, ASEAN을 끌어들이는 것도 중요해지겠죠. ASEAN은 분명 중국의 남하, 즉 동남아시아에 대한 영향력의 확대를 환영하는 동시에 경계하고 있는 측면이 있어요. 물론 인도의 존재도 있습니다. 그런 가운데 ASEAN + 3, 6(3: 한중일, 6: 한중일 + 호주, 뉴질랜드, 인도)으로 갈 것인지 하는 논의가 있습니다만, 저는 거꾸로 아시아 네트워크의 틀 안에서 단계적으로 중국의 강대화를 제어할 필요가 있다고 생각합니다. 그런 의미에서 한일연대는 중요하죠. 한중일이 함께 하는 회의에서 직접 경험한 일입니다만, 한중일의 역학이 미묘한 형태로 기능하고 있을 때, 중일이라는 두 국가 사이보다 한중일의 역학이 이제부터 대단히 중요한 의미를 가질 것입니다. 이것은 일본에게도 플러스가 됩니다.

냉전시대의 세계관은 모든 것을 정치적으로 사고하는

인식틀이었습니다. 동과 서가 각을 세우고 음모가 반복되어 일어나듯 했지요. 하지만 이제부터는 네트워크로 세계를 생각하지 않으면 안 됩니다. 한국도 자신을 위주로 해서 자신의 목적을 실현하는 네크워크를 어떻게 '완만하게' 만들어갈 것인지가 중요합니다. 완만한 네크워크형의 전략·기획력이 무척 중요해졌습니다. 일본도 한국이나 중국과 적대하는 것이 아니라, 일본에 바람직한 형태로 힘을 합쳐갈 시나리오가 중요해졌습니다. 저 사람이 나의 적인지 아군인지 가르는 이분법이 아니라 그때그때 국면에서 '온화하고 부드럽게' 자신의 전략 안에서 크게 플러스가 되어줄 존재로 상대를 바꿔가는 것이 매우 중요합니다. 그것이 '친미입아'인데 한국과 일본은 미국이 아시아에서 고립되지 않도록 하는 역할을 해야 합니다. 왜냐하면 미국과 이제까지 동맹국으로서 관계를 맺어왔으니까요. 미국이라는 나라는, '먼로주의'(Monroe Doctrine)라고 합니다만, 즉 제대로 진행되지 않으면 무책임하게 떠나버리는 경향이 있습니다. 그런 미국에 아시아에 대한 책임이 있기 때문에 관여시킬 역할이 필요하고 그것이 한국과 일본이 해야 할 일입니다.

사실 그가 말하는 '친미입아'를 구체화할 수 있는 프로 젝트의 하나가 동아시아공동체다. 또 그것은 하또야마 정 권의 우애(友愛)외교 사상과도 통한다. 그가 앞의 대화에 서 한중일의 협력관계에서 한국의 역할과 한일의 협력을 특히 강조한 것이 주목된다. 하지만 그가 그동안 쓴 글이 나 대화 중에서 받은 인상은 그의 '일·미·중 트라이앵글' 구도 안에서는 한반도 역할이 소홀히 다뤄진다는 것이다. 한국 또는 남북한이 일·미·중보다 작다고 해서 소홀히 다 루면, 친미입아도 일·미·중 트라이앵글도 잘 유지될 수 없 고, 동아시아 평화도 도래할 수 없다고 본다. 일·미·중 트 라이앵글론이 한반도가 분단상태로 중국과 미국의 영향 아래 각각 놓여 있는 것을 방치하는, 그래서 일·미·중 삼 자의 세력균형을 유지함으로써 일본의 번영을 지켜나가려 는 사고틀로 보일 위험이 없지 않다. 이로부터 벗어나려면 한반도문제에 대한 좀더 명확한 입장이 있어야 하지 않을 까 하는 뜻에서 질문을 계속했다.

동아시아 평화구상과 한반도의 역할

백영서 그렇다면 한·중·일의 네트워크와 북한과의 관계, 한반도 분단문제에 대해서는 어떻게 생각하시나요?

테라시마 타이완과 중국 간 문제, 한국과 북한 간 문제에 대해서 일본은 신중해야 하며, 뒤에서 조용히 지지해가는 것이 중요합니다. 한반도문제에 대해서 일본은 역할의식의 비대증에 걸려 있습니다. 일본이 이 문제를 해결할 수 있다는 환상을 가져서는 안 됩니다. 그건 한반도에 사는 사람들이 책임을 가지고 해결해야 할 일이니, 주변국으로서의 한계를 분명하게 인식하자는 것입니다. 통합의 발목을 잡는 것도 안 되지요. 또한 이상한 역할을 일본이 하려고 들어서도 안 될 것이고, 그것이 일본의 바텀라인(bottom line)이라고 생각합니다. 얼마나 많은 시간이 걸리든 조용히 한반도가 민족의 자립과 통합을 이루는 방향으로 향하도록 진심으로 기대합니다. 타이완문제도 그렇습니다. 타이완 문제에 관한 불간섭, 즉 과거 일본의 영토였던 시대를 짊어지고 있기 때문에 더더욱 일본은 쓸데없는 말을 해서는 안 됩니다. 미묘한 문제를 유발할 수도 있기 때문에 이 바텀라인은 아주 중요하다고 생각합니다. 타이완 독립을 일본이 지지할 리도 없지만 그러한 말을 해서도 안 됩니다. 이것은 중국과 타이완 사이의 예지(叡智)로 해결해야 합니다. 더구나 우리가 생각하고 있는 것 이상으로 타이완과 중국의 커뮤니케이션 채널은 단절돼 있지 않으며, 그레이터 차이나(Greater China, 大中華圈)라는 이념 안에서 대단한 연대를 서로 심화해가고 있습니다. 북한과 한국 사이에도 우리로서는 짐작하기 어려운 커뮤니케이션이 있습니다. 그렇기 때문에 일본은 예민한 일을 언급해서는 안 되며 신중해야 합니다. 제가 생각하기로 북한과 한국의 문제는 미·중문제입니다. 즉 미·중문제의 역학이 바뀌면, 한반도 문제도 바뀔 것이라고 봅니다.

백영서 북한과 한국의 문제가 미·중문제와 관련이 있다는 것은 기본적으로는 이해할 수 있습니다. 그렇다면 한반도 주민이 어떤 역할을 해야 할지 ——

테라시마 한반도에 사는 사람들은 미·중문제로 여겨서는 안 되죠.

백영서 물론이지요. 그것은 민족문제이기도 합니다. 그런데 제가 지적하고 싶은 것은 선생이 말한 어떤 형태나 단계의 동아시아공동체이든 그것으로 가는 과정에서 한반도의 분단 해결은 필수불가결하다는 점입니다. 이와 관련해 저는 한반도에서의 국가연합의 필요성을 말하고 싶어요. 이것은 2000년 남북정상이 합의한 6·15공동선언 제 2항에 나오는 '낮은 단계의 연방제' 즉 사실상의 국가연합을 말하는 겁니다. 이 구상을 남북한이 통일을 향한 '중간단계'이자 현재의 위태로운 과도기를 안정적으로 관리할 장치로서 실현하자고 강조하는 것이지요. 이러한 국가연합 구상, 즉 느슨하고 개방적인 복합국가 형태를 선택할 때 그것이 동아시아 협력체제 형성에 매우 긍정적인 작용을 할 것은 분명합니다. 타이완이나 티베트, 신장 문제에서나 오끼나와에 한층 더 충실한 자치권을 갖게 하는 등의 창의적인 방안을 촉발할 수 있지 않을까요. 한반도의 통일 이전에 이런 불안정한 상황을 어떻게 처리할지가 문제인데, 낮은 단계의 연방제나 국가연합이라는 완만한 결합체의 창조에 대해서 선생은 어떻게 생각하십니까?

테라시마 그것은 다음 단계로 이행하는 하나의 구체적인 지혜일지 모르겠네요. 한반도의 문제를 한반도 주민들이 주체적으로 해결해가는 방법론으로서 그러한 사고방식이 생겨나는 게 놀랄 일은 아닐 겁니다. 예를 들어 어느 쪽의 체제가 붕괴하는 것보다는 서로 지혜를 모아서 다가서는 것이 중요하다는 생각이 듭니다. 앙드레 슈미드(A. Schumid)에 따르면 북한은 냉전고아 같은 존재로 냉전은 아직 끝나지 않았다고 굳게 믿는 폐쇄된 지역이 되고 말아서 세계로 열린 듯하면서 열리지 않는 곳이지요. 그렇기 때문에 냉전고아 같은 그들에게 냉전은 종결되었고, 세계가 바뀌어 그 어떤 국가도 지금과 같은 글로벌한 경제 안에서 고립되어 있어서는 피폐해질 것이라는, 그러한 점을 단계적으로 이해시켜가지 않으면 안 됩니다. 감이 익으면 떨어지듯이 저 비틀어진 체제의 국민 안에서 저절로 세계가 보인다면 자연히 새로운 방향감각이 생겨나리라 생각합니다.

백영서 선생은 이전에 강상중(姜尙中) 교수와의 대담에서 북한이 경제력으로 보면 일본에서 가장 작은 시마네(島根)현이나 톳또리(鳥取)현에도 훨씬 못 미치지만 "'약자의 공갈'로 존재를 드러내고 있는데, 실은 터무니없고 보잘것없는 것이다"라고 말한 바 있습니다. 또 "동아시아의 목에 걸린 가시"라고도 했어요. 그래서 그 가시를 빼기 위해서는 매우 노련한 전략이나 비전이 요구된다고 했습니다. 그러면서 한반도 문제를 미·중의 교섭에만 맡기고 일본은 나중에 돈만 내게 되는 것에 비판적이었습니다.* 그런 입장에서 볼 때, 한반도의 문제, 특히 북한문제나 통일문제

●『시대와의 대화: 테라시마 지쯔로오 대담집(時代との對話: 寺島實郎對談集)』, ぎょうせい 2010, 60~61면.

212

에 관해 지금의 민주당정부는 어떤 역할을 하고 있다고 생각하십니까? 가령 납치문제로 인해 지금은 아무런 움직임도 없는데요.

테라시마 코이즈미 전 수상의 방북 이후, 극단적으로 말하자면 일본이 주체적으로 한반도와의 관계를 정리하고 한발 앞으로 나아가기 시작한 듯한 역사적인 국면이 분명 있었습니다. 그런데 그후 제임스 켈리(James Kelly)가 평양에 가서 핵문제를 끄집어내고 북한을 핵무장하려는 국가라고 규정하면서, 미국은 북한에 대한 '악의 축'론을 전개하지요. 거기다 일본은 납치문제가 국민감정을 거슬러서, 납치와 핵 사이에 끼어 어쩌지도 못하는 상태가 되었던 것입니다. 북한문제가 왜 미·중문제인지가 이와 연결되는데, 중국도 당장은 한반도가 둘로 분단되어 있는 편이 낫다, 혹은 현상유지하는 편이 낫다는 판단을 하고 있다고 생각합니다. 동아시아에서 영향력을 극대화하기 위해 6자회담을 맡고, 북한을 존속시키고 있다는 편이 옳을 것입니다. 북한이라는 국가가 존속되고 있는 것은 중국이 북한에 식량과 에너지를 지원하고 있기 때문인데, 이 핀을 빼면 북한은 자연붕괴할 정도의 상태에 놓이게 될 것입니다. 한편 미국도 어쩌고저쩌고 이야기하면서도 중국의 인식을 분명하게 관찰하고 있으며 한반도 통일에는 시간을 투자하는 편이 옳다고 생각하고 있을 겁니다. 가령 핵문제로 추궁하거나 이른바 간디가 말한 '분단통치', 이것은 구미 열강의 상투적인 수단인데, 분단시켜놓고 자신의 영향력을 극대화하는 방법을 쓴다든지 하면서요. 문제는 그 상태를 넘어서는 인식을 당사자들이 어떻게 구축할 것인가 하는 점입니다.

마찬가지의 말을 일본에도 할 수 있지요. 제가 한일 양국이 동일한 상황에 놓여 있다고 생각하는 것은 전후에 양국 모두 미국을 통해서만 세계를 볼 수 있게 되었기에 그런 노선을 취했다고 이해했기 때문입니다. 그런데 냉전이 끝나고 20년이나 지난 지금, 자신의 머리로 사고해야 할 필요성을 요구받기 시작했습니다. 후뗀마(普天間) 미군기지 문제도 미국의 억지력이 일본을 안정시키고 보호해주고 있다는 논의가 고정관념처럼 반복되고 있어요. 그런데 지난 3월 5일 NPT 발효 40주년 성명에서 언급되었듯이 오바마 정권은 핵의 억제력이라는 논리가 냉전시대의 유물, 즉 과거의 것이라고 말했는데, 일본은 거기서 아직도 벗어나지 못하고 있습니다. 일본은 사고를 보통의 상식으로 전환시킬 필요가 있습니다.

미국을 통해서만 세상을 본다는 세계관에서도 탈피해야 합니다. 미국 군사력의 억제력이 일본에 평화를 가져다주고 있다는 냉전시대의 인식에서 한발 나아가 아시아의 상호이해와 협조관계 안에서 동아시아의 안정과 안전을 구축해간다는 방향으로 사고를 전환해야 합니다. 그렇게 하지 않는 한, 언제까지나 신변을 보호해줄 보디가드가 있으므로 나는 안심이라는 논리를 계속 주장하게 되지요. 본래 외국 군대가 자기 나라 안에 있다는 상황 자체가 부자연스러운 것으로, 보디가드 없이 인근 사람들과 이해와 협조, 신뢰관계를 쌓으면서 스스로 안심할 수 있는 환경을 만들어가는 것이 옳습니다. 한반도, 중국, 일본도 그러한 신뢰관계를 구축하기 위한 게임에 스스로 참여하지 않으면 안 된다는 것이 바텀라인입니다. 자신의 안전과 안정을 지키는 데 구미의 보디가드를 고용해 언제까지고 여기에 있어주지 않으면 곤란하다는 식의 역학에 집착해서는 안 됩니다. 이것이 지금부터 아시아인이 갖춰야 할 건전한 공통인식이 되어야 하는 것이지요.

백영서 그렇다면 구체적인 정책과 관련해 질문드리겠습니다. 두가지인데, 하나는 분단문제를 포함한 한반도 문제에 관한 민주당의 새로운 정책은 무엇인지, 다른 하나는 민주당이 미군기지 문제를 어떻게 파악하고 있는지입니다. 하또야마 총리가 작년(2009) 선거 때, 논란이 되고 있는 오끼나와의 후뗀마 기지를 국외로 이전하거나 아니면 적어도 오끼나와현 밖으로 옮기겠다는 공약을 내걸었지요. 아마도 오바마 정권은 부시 정권과 다를 거란 기대도 있고 해서 나온 공약 같은데, 집권 후 기지이전을 둘러싸고 미 국정부는 물론이고 일본 내부에서도 반발이 일어나는 등 논란이 가열되자 5월 말까지 해결안을 제시하겠다고 스스로 시한을 설정했지만 참으로 전망이 불투명한 상태지요.•

테라시마 민주당이 그 질문에 대해 명확한 해답을 내릴 수 있을 정도로 중심축이 있는 정책론을 갖고 있다고 생각하지 않는 편이 좋습니다. 민주당이 혼란스러운 상태라는 점을 먼저 인식해야 합니다. 예컨대 북한문제에 대해서 제어가 먹히고 있고, 이 정책에는 이 정책으로 맞선다는 합의가 형성되어 있다고 보지 않는 편이 좋을 것입니다.

기지이전 문제도 그렇습니다. 하지만 일본인도 그 점을 이미 인식하고 있고, 또 인식하지 않으면 안 된다고 생각

• 이 대화를 마친 후인 2010년 5월 4일 하또야마 총리는 오끼나와를 방문해 후뗀마 기지의 오끼나와현 밖으로의 이전 공약을 사실상 철회하고 사과했다—편집자.

합니다. 후뗀마 기지가 토꾸노시마(德之島)든 어디든 안착함으로써 문제가 해결된다고 생각하는 것은 잘못입니다. 그것은 기다리는 시간 동안 퍼즐 조각을 어딘가에 끼워맞춘다는 식이 아니라 일본 내 미군기지의 존재방식이나 미일안보의 존재방식 자체에 대해 제대로 방향을 잡아야 할 문제예요. 그렇게 하지 않으면 후뗀마 문제도 해결되었다고 할 수 없지요. 일본의 미디어나 민중이 이제까지처럼 기지 이전지가 어디론가 결정되어 논쟁이 매듭지어지는 것을 보고 잘됐다고 생각한다면 그것은 착각입니다. 미국과의 관계를 정책론의 차원에서 제대로 확립하겠다고 각오하지 않는 한 이 문제의 해결은 없습니다. 5월 말까지 미국도 찬성하고 오끼나와 주민들도 납득이 가는 시나리오를 고안하겠다니 어림도 없습니다.

지금 후뗀마문제는 이상한 방향으로 흐르고 있어요. 2004년 8월에 오끼나와의 코꾸사이대학(國際大學) 교내에 헬리콥터가 추락한 사건이 일어나고, 마을 안에 기지가 있는 것은 위험하니 옮겨야 한다는 것으로 기지이전 논의가 부상했습니다. 그렇다면 사고를 일으킨 미국이 기지가 어디로 이전하든 그 안전성에 책임을 지지 않으면 안 됩니다. 그런데 어느새 미국은 그 책임에서 자유로워졌고, 일본이 이전지를 찾아준다면 옮겨주겠다는 식으로 이야기가 이상하게 전개된 겁니다. 문제의 핵심이 엇나가고 만 거지요.

역사가 지금 민주당정권에 요구하는 것은 후뗸마 기지가 토꾸노시마든 어디든 이전하면 그만이라는 답변이 아니라, 일본에 있어서 미군기지의 존재방식 그 자체를 묻는 것입니다. 일본과 매한가지로 패전국인 독일은 1993년에 독일내 미군기지를 하나하나 논의 테이블에 올려놓고 각각의 기지사용 목적을 짚으면서 주권을 회복해갔습니다. 일본도 그럴 필요가 있습니다. 그런데 1990년대의 일본은 자민당 단독정권인 미야자와(宮澤) 내각이 붕괴하고 나서 합종연횡의 단명 정권만이 이어졌기 때문에 그 기회를 잃었던 거지요. 독일의 방식을 취하지 않은 채 21세기를 맞이해버린 거지요. 그러다 9·11테러가 발발했고, 미국의 아프가니스탄과 이라크 침공에 따라갈 수밖에 없었고, 미군 재편론에 가로막히고 말았던 거지요. 일본과 한국의 미군기지는 이미 극동의 안전을 위해 기능하고 있는 것이 아니라, 유라시아대륙 전체를 목적으로 한 기지로서 미국의 전략 속에 구성되고 말았던 것이지요. 그렇기 때문에 제대로 되돌려놓지 않으면 안 되는 겁니다. 미국의 전쟁에 협력하기 위한 기지여서는 안 됩니다. 왜냐하면, 이라크와 아프가니스탄의 사례가 증명하듯이 그것은 아시아, 한중일의 역학에 있어서는 의미가 없는 전쟁입니다. 우리는 반미나 그 어떤 것도 아니며, 오히려 그와 반대이기 때문에 미국을 제어하지 않으면 안 됩니다. 이런 의식이 아주 중요합니다.

백영서 이 문제가 해결되지 않으면 하또야마 정권의 불안정성이 점차 높아지지 않을까 생각합니다만, 이런 생각은 잘못된 것인지요?

테라시마 아닙니다. 맞는 말입니다. 불안정성도 높아질 것이며 정권이 유지될 수 있을지조차 모르는 상황이 될 수도 있지요. 하지만 우리가 지금 중요하게 생각해야 하는 역사의식이란 하나의 정권이 붕괴하는 문제가 아니라, 무엇을 본질적으로 바꿔가야 하는가를 아는 것입니다. 실은 기지이전 과정을 통해서 일본인도 조금씩 알기 시작했습니다.

결국 어디에 가더라도 반대에 부딪혀 후뗀마에서 움직이지 않게 될 때, 일본인 스스로 자기 문제에 대한 접근방법이 이상하다고 깨닫게 될 것입니다. 후뗀마 기지의 해병대는 60기의 헬리콥터를 운행하고 있습니다만, 실제로는 지금 조종사가 없는 상태입니다. 모두 아프가니스탄으로 가버렸지요. 그런 기지를 일본의 안전을 위해 유지해야 한다는 생각에 의문이 들지 않을까 저는 묻고 싶습니다. 즉 역사는 속일 수 없으며, 그 흐름은 점차 드러날 것이라는 말입니다. 하또야마 정권이 5월까지 정체에 빠지고 곤경에 처할 거라는 뜻이 아닙니다. 그것을 넘어서 해야 할 일이 바로 현대의 '조약개정'입니다. 한국도 마찬가지라고 생각합니다. 한중일이 커뮤니케이션을 심화시키면서 평화를 구축하고자 한다면, 북한문제도 포함해 이 지역에서 살아가는 사람들의 자각이 필요합니다. 북한은 중국이 방패로서 존재하고 있다는 발상에서 탈피하여, 제대로 된 자립적 사고를 되찾는 것이 중요합니다. 한국도 큰형님에 기대는 구조에서 탈피하여 스스로의 운명을 개척해간다는 각오를 다질 필요가 있으며, 그것이 없다면 문제는 전혀 해결되지 않을 것입니다. 우리의 예지로 동아시아를 어떻게 만들어갈 것인가, 그러한 게임으로 바꿔가는 역사관을 구축해야 합니다.

미래를 열어갈 새로운 앎〔知〕의 가능성

백영서 지금 선생의 말씀과 저의 생각에 대해서 말하자면 구체적인 정책보다 '사상의 힘'이나 '세계를 아는 힘'이라는 의미에 중점을 두어야 한다고 생각합니다. 선생은 하또야마 총리와 친하고, 또 영향력이 있다는 이야기를 들은 적이 있습니다만……

테라시마 친구입니다.(웃음)

백영서 하또야마 총리와의 관계에 관해서 듣고 싶은 것과, 또 한가지는 선생에게는 정책이나 비즈니스 전문가뿐 아니라 사상가라는 분위기가 있습니다. 선생은 현재 타마대학의 학장이며 다양한 분야에서 활약하고 계신데, 선생의 저서를 읽고 특히 '세계를 아는 힘이 곧 전체지(全體知)'라는 주장에 깊은 인상을 받았습니다. 근대서양에서 온 지(知)의 체계·학문을 어떻게 넘어설 것인가와 관련해, 그 입장은 한국 지식인들의 논의와 상통하는 부분이 있습니다. 이 점에 대해서 말씀해주시지요.

아울러 선생의 글을 보면, 단순히 정책을 논하는 데 그치지 않고 정책을 구별짓는 사상의 힘을 강조하는 것이 인상적입니다. 또한 단편적인 정보를 '전체지(全體知)'로 높이는 동인(動因)이 문제해결을 향한 강한 의지임을 강조하고, 세계를 알면 알수록 보이게 되는 부조리와 그것에 분노하는 문제의식과 그 문제를 해결하려는 행동을 요구하는 당신의 지에 대한 입장은 종합지(綜合誌)로서 올해 (2010) 창간 44년을 맞는 계간 『창작과비평』의 입장과도 통합니다. 이것은 기존의 분과학문체제에 대한 도전인데, 우리는 대학이란 제도의 안과 밖의 새로운 지적 생산을 연결하는 새로운 총합성(總合性) 실천학문을 '사회인문학'이라고 이름붙이고 있습니다. 현재 대학의 학장이기도 한 선생의 기존 학문체계에 대한 의견 또는 지에 대한 관점을 좀 더 듣고 싶습니다.

테라시마 선생이 쓰신 '근대초극론'에 관한 글[•]을 잘 읽었습니다. 타케우찌 요시미(竹內好)에 대한 언급을 비롯해 선생의 관점을 잘 이해할 수 있었습니다. 새로운 문제의식으로서 근대초극론에 저도 큰 흥미를 갖고 있습니다. 격세유전의 이야기만이 아니라, 요컨대 '전체지'에 관련된다는 점에서 서로 통하는 바가 있다고 봅니다.

백영서 제가 강조한 것은 아카데미 제도만이 아니라 제도 바깥의 문제이지요.

테라시마 말씀하신 대로입니다. 저는 정책학을 연구하

• 「동아시아론과 근대적응·근대극복의 이중과제」, 『창작과비평』 2008년 봄호 일본어판. 웹페이지 주소는 http://jp.changbi.com

고 기업에서 경영전략론을 전개해온 사람입니다만 그 근저, 즉 나 자신의 방법론을 지탱하고 있는 사상과 철학 안에는 서양근대의 사회과학이 있습니다. 그렇게 정치학이나 사회학 등에서 단련한 지(知)와, 예컨대 내가 대단히 흥미를 갖고 있는 일본의 쿠우까이(空海)나 스즈끼 다이세쯔(鈴木大拙)의 지 사이에서, 즉 서양과 동양 사이에서 긴장감을 갖고 그 전체감(全體感) 속에서 아시아를 이해하고 인식을 심화시켜야 한다고 생각합니다. 서양 사회과학의 한계를 넘어서 일본인으로서, 아시아인으로서, 동서고금의 문화가 흘러든 섬으로서 그 전체감 안에서 이 나라의 진로를 선택해야 한다고 봅니다. 한국도 마찬가지일 것입니다. 그러한 의미에서 나 자신의 흥미로부터 나온 키워드가 '전체지'였지요. 세계에 대해서 시야를 넓히면 넓힐수록 전후 65년이라는 기간이 일본에 대단히 특수한 것이었음을 알 수 있습니다.

2천년에 걸친 일본과 유라시아대륙의 관계를 생각할 때, 그 기간에 일본은 지극히 특수한 영향을 받았고, 특수한 사고방식이 생겨났습니다. 일본의 근대라는 기간도 그렇지요. 그렇기 때문에 그러한 기간의 특수성을 인식하면서 그것을 부정하는 것만이 아니라 넘어서는 일, 그런 점에 우리는 분기(奮起)해야 하는 것입니다. 근대초극론은 전쟁의 미학, 전쟁을 정당화하는 논리로 편의적으로 사용되었던 면이 있습니다. 지금은 그런 이야기가 아니라 새로운 아시아의 연대사상·철학으로서 근대초극론이 요구되고 있다고 생각합니다.

백영서 저는 기본적으로 선생의 '전체지'라는 발상을 지지합니다. 또한 지의 체계를 어떻게 제도의 테두리 안에서 실현할지 대학교수로서도 흥미가 있습니다. 그래서 궁금해지는 것인데, 선생은 다양한 일을 해오시면서 그 안에서 갈등이나 충돌 같은 것은 없었는지요?

테라시마 그보다 오히려 씨너지효과가 있었지요.(웃음) 교육이라는 장르와 산업이라는 장르, 제가 해온 것끼리 서로 스파크를 일으켰다고나 할까요. 저는 아직 미쯔이물산의 전략연구소를 이끌고 있고, 공공정책기구의 싱크탱크에도 관여하고 있어요. 그 삼각형 안에서 스파크를 일으키며 씨너지효과를 얻고 있지요. 일본에서는 드물다고 하지만, 미국 등지에서는 결코 드물지 않아요. 학자들 중에서도 산업계와 아카데미즘, 그리고 정책론의 트라이앵글 안에서 살아가는 사람이 얼마든지 있습니다.

백영서 마지막으로, 일본의 전후를 생각할 때, 가령 하또야마 총리가 약속한 기한인 5월 안으로 후뗀마 기지 이전 문제가 해결되지 않아 사임하면 민주당의 전망이 바뀐다든가 하는 일은 없을까요?*

테라시마 민주당에는 원래 합종연횡과 같이 과거 사회당의 사회주의자그룹에서 온 사람도 있고, 오자와 이찌로오(小澤一郞)처럼 극단적으로 말하면 자민당의 우파 같은 사람도 있어요. 선거 목적으로 만들어진 뒤죽박죽 집단입니다. 그 안에서 하또야마는 조부의 DNA를 이어받아 일단 리버럴 보수라는 위치에 있지요. 그 자신이 강한 정치적 철학을 지닌 리더십의 보유자라고는 생각하지 않아요.

백영서 하또야마의 '약한 리더십'에 대한 비판도 있는데요.

테라시마 그렇죠. 말랑말랑한 마시멜로우 같다는 말을 합니다만, 민주당의 역학이 어떤 방향으로 갈지는 알 수 없습니다. 칸 나오또(菅直人)처럼 시민운동에서 출발한 인물이 중심이 될지, 그렇지 않으면 마쯔시따세이께이주꾸(松下政經塾)에서 출발한 사람들이 중심이 될지, 앞으로 여

---

* 이 대화를 마친 후인 2010년 6월 2일, 하또야마 총리는 후뗀마 기지 이전 문제와 정치자금 의혹 등을 이유로 사임했다——편집자.

러가지 굴곡이 있으리라 생각합니다. 일본의 정치 전체를 볼 때, 하또야마 개인은 별개로 하고, 리버럴 보수사상을 축으로 삼은 정책론을 지닌 정당이 향후 정계개편을 포함해 탄생해야 한다고 생각합니다. 저 자신의 입장이 리버럴 보수니까요. 리버럴 보수란 외교적으로는 인접국과의 외교를 중시하고 미국과의 협조를 기축으로 하면서 '친미입아'를 도모하는 입장이지요. 우파 내셔널리스트도 아니면서 과거 사회주의자그룹도 아닌 지점에서 외교를 굳건히 하고, 국내적으로는 일종의 새로운 경제주의를 주장하고 일본의 산업창생(産業蒼生)에 역점을 둔 정책론을 실현하지 않으면 안 되죠. 그러한 방향을 중심으로 삼은 정치그룹 같은 것이 생겨난다면 일본은 안정되어갈 것이라고 생각합니다. 하또야 마정권은 그러한 커다란 서사의 시작이라고 보는 편이 옳습니다.

백영서 그렇군요. 한국을 돌아볼 때 김대중, 노무현 전 대통령의 시대는 일본 민주당과 같은 노선을 걸었다고 생각합니다. 그런데 이명박 정부는 그와 사뭇 다르다는 점이 안타깝습니다. 말하자면 시차 같은 것이 느껴지는군요. 마지막으로 창비 독자들에게 한말씀 부탁드리겠습니다.

테라시마 대화를 시작할 때 역사인식 문제로 토론이 대단히 뜨거웠던 것처럼 우리들은 마음의 응어리를 짊어지고 있다는 사실을 인식하면서도 대극점에 서서 역사를 개척해가고 있습니다. 한국에도 일본에도 가슴속에 용기와 각오가 필요한 시대가 도래했습니다. 즉 냉전의 틀 안에서 버둥대던 시기로부터 주체적으로 아시아에 우호와 연대의 틀을 만들어갈 각오와 용기가 요구되고 있습니다. 그 틀 안에서 힘을 합치는 데는 상당한 배짱이 필요합니다. 자세히 말하자면 한도 끝도 없겠죠. 한국사람이 일본의 문제점을 말하기 시작하면 끝이 없을 것이고, 역사의식 안에서 그러한 것을 이미 짊어지고 있다고 생각합니다. 일본에서도 특히 젊은 세대는 저보다 윗세대들이 갖고 있는 편견이 없습니다. 순수한 마음으로 '동방신기'를 쫓아다니는 분위기가 있고, 거꾸로 일본문화에 대해서 공감하는 한국의 젊은이들도 많습니다. 일본인이 과거 한국에 대해 가졌던 허위의식이랄까 차별의식 같은 것이 지금의 젊은이들에겐 없어요. 저보다 윗세대가 갖고 있는 분위기가 오히려 문제지, 젊은 세대는 한국에 애정과 존중심을 갖고 있습니다. 그런 데서 가능성을 느끼지요.

백영서 선생께서 말씀하신 대로, 과거의 책임이 아니라 미래의 책임 말이지요.

테라시마 예, 바로 그것입니다.

백영서 그럼, 이것으로 대화를 마치고자 합니다. 오랜 시간 감사드립니다.

대화를 마쳤지만 미진한 느낌은 남아 있었다. 분(分)단위의 스케줄에 따라 움직인다는 그의 비서의 말처럼 워낙 일정이 많은 그와 충분한 시간을 가질 수 없었기 때문이다. 그러나 일본사회의 현안인 주일미군 문제를 비롯한 주요 과제에 대해 그의 생각의 일단을 들을 수 있었던 것은 유익했다.

독립국인 일본에 외국 군대가 65년간이나 장기주둔하고 있다는 사실, 매년 그 주둔경비의 70퍼센트에 달하는 약 6000억엔을 일본이 부담한다는 사실을 우리는 종종 잊고 지낸다. 더욱이 지금은 1997년 하시모또 정권 때 이뤄진 미일가이드라인 개정으로 미일동맹의 본래 목적이 변질되어버린 상태 아닌가. 미일안보의 대상을 극동으로 정한 '극동조항'이 바뀌어 일본의 안보가 위협받으면 적용범위를 세계로 넓힐 수 있도록 확대 해석됨으로써 일본은 미국의 전세계 전쟁에 한층 더 깊게 가담하게 된 상태다.

대화 도중 구체적으로 언급하지 않았지만, 테라시마가

구상하는 미군기지 문제의 해법은, 첫째 미군기지의 관리권을 미국이 마음대로 할 수 없는 것으로 바꾸고, 둘째 미일안보조약 자체도 재검토하여 동아시아에 군사적 공백을 만들지 않는 것을 전제로 주일미군기지 하나하나의 사용목적을 검토하고, 목적이 달성되고 나면 규모를 반으로 줄이는 것을 목표로 삼아야 한다는 식의 현실적인 내용이다.

그리고 더 근본적으로는 미국의 오바마 정권조차 '핵 없는 세계'를 말하기 시작한 이때야말로 일본이 단지 '핵우산'에 몸을 맡기는 자세에서 벗어나 '핵 없는 세계'에 이르는 길을 구상해야 할 국면이라고 그는 판단한다. 미국의 아시아태평양 전략은 동맹국 일본을 기축으로 삼던 시대에서 일본과 중국을 포함한 상대적 게임으로 그 본질이 변했다. 이런 정세에 대응하여 미국의 '힘에 의한 정의'나 미국적 가치의 '더블 스탠다드'를 비판하는 한편, 일본도 미국적 가치를 추종만 할 것이 아니라 주체성을 확립하고 비핵 평화주의라는 보편적 가치에 입각해 비핵국의 선두에서 핵폐기의 리더십을 발휘하면서 아시아와 미국을 잇는 가교 역할을 할 것을 제안한다.

이같은 주장은 미군기지와 북핵 문제를 안고 있는 우리에게 시사하는 바가 적지 않다. 그런데 이러한 외교전략이 새로운 내치(內治)전략 없이는 실현될 수 없음은 물론이다. 내정문제와 관련해 대화가 깊이 진행되지 못했지만, 그는 패러다임 전환을 요구하고 있다. 때마침 민주당정부도 '시멘트에서 인간으로'라는 슬로건을 내세우고 개혁중에 있어, 그가 말하는 '그린 뉴딜' 구상이 세간의 주목을 끈다. 그렇다면 그 가능성은 어디에 있는가. 그는 이제까지 익숙해져온 대규모 집중형 문명체계에서 분산형 네트워크 사회로의 전환을 주장한다. 그리고 일본에서 그 가능성이 크다고 낙관한다. 그 근거로 일본의 '물건 만들기' 집착과 기술에의 경애(敬愛), 즉 일본의 기술과 산업력을 들고 있는 것처럼 보인다. 나는 이와 관련해 일본의 소국주의 유산을 다시 볼 것을 권하고 싶다. 여기서 한국의 발전전략으로서 소국주의와 대국주의의 긴장 속에서 '중위국가'를 제안한 창비의 구상도 참고해볼 수 있지 않을까 싶다. 또한 무엇보다 그에게 한반도의 역사와 현실, 특히 분단체제를 제대로 다루지 않고서는 그의 구상이 온전히 실현될 수 없다는 사실을 충분히 강조해두고 싶다.

대화가 이뤄진 장소인, 그의 활동의 집결점 테라시마문고(寺島文庫)가 바로 야스꾸니(靖國)신사 근처인 것이 내게는 의미있게 느껴졌다. 그의 사유와 실천의 창조적 거점인 그곳에서 일본근대사의 모순을 돌파하고 동아시아 연대의 활력이 솟아나길 바라는 마음이다.*

---

* 이 대화는 『창작과비평』 148호(2010 여름)에 게재된 것으로, 이 책의 이해를 돕기 위해 부록으로 수록했다. 대화는 2010년 4월 20일 토오꾜오에서 일본어로 진행되었으며, 연세대 국문과 박사과정 전설영씨가 녹취된 내용을 일본어로 옮겼고, 동국대 박광현 교수가 우리말 번역을 담당했다.

지난 여름, 일본은 뜨거웠다. 한국 언론에서는 그리 크게 보도되지 않았지만 원자력발전소 재가동 반대시위가 전국 곳곳에서 연일 펼쳐졌다. 한국에서는 십수년 만의 불볕더위가 온 땅을 달구어 열대야에 대한 뉴스로 떠들썩했지만, 사실 일본의 더위는 이보다 몇배 더하다. 한달 넘게 기온이 섭씨 38도에서 40도 사이에서 내려갈 줄 모르고 열대야는 한달 넘게 지속된다. 만약 공공건물이나 지하철, 버스에서 냉방이 안 된다면 일본 특유의 질서의식도 쉽게 붕괴되리라 짐작될 만큼의 끔찍한 여름을 일본사람들은 매해 경험한다. 그런 와중에 매일 빠짐없이 전국 방방곡곡에서 재가동 반대시위가 계속되었던 것이다. 그것도 한여름, 언제나 전력 부족의 임계점에 달하는 때에, 발전소를 재가동시키지 말라고 말이다.

여기서 일본의 탈원전운동에 대해 촘촘하게 이야기를 늘어놓자는 것은 아니다. 다만 이 뜨거움은 메이지유신 이래 근대 일본의 발걸음 속에서 커다란 의미를 지니는 것임을 강조해두고 싶다. 이 운동이 150년간 전개된 일본 근대화의 패러다임을 근저에서 전복하는 것이기 때문이다. 일본의 근대화 패러다임이란 무엇인가? 진부한 표현이지만 '부국강병' 이외에 더 적합한 말을 찾아내기는 힘들다. 물론 이 노선은 통상 1945년 패전으로 일단락된 것으로 이해된다. 하지만 역사의 이면을 조금 더 들여다보면 이런 통상적 이해가 얼마나 피상적인 것인지 알 수 있다. 지금 이슈가 되고 있는 원전문제만 보더라도, 이 노선이 불변인 채 일본이란 국민국가의 국시(國是)로 자리잡고 있는 현실의 단면을 날카롭게 제시해준다.

간단하게 말하자면 이렇다. 패전 후 일본은 정치적으로는 천황제를 존속시켜 구체제의 상징적 지배질서를 유지시켰고, 이에 힘입어 메이지유신 이래의 정·관·재계의 지배계급이 자신들의 힘을 고스란히 보존할 수 있었다. 태평양전쟁에 대한 태도 여부와 상관없이 말이다. A급 전범인

키시 노부스께(岸信介)가 수상으로 버젓이 복귀한 것은 이를 상징하는 사건이었다. 만주국의 계획통제 경제정책을 입안·실행했고 전시 일본의 총동원체제를 진두지휘한 이 엘리뜨 관료-정치인은 패전 후에도 일본의 정치·외교·경제 분야의 한가운데서 활약한다. 키시의 집권기 동안 일본은 미일안보조약을 다시 체결함으로써 냉전체제 아래 동아시아 전진기지로서의 입지를 공고히 했고, 주요 산업을 정부의 계획하에 육성시키는 준계획경제 정책을 통해 고도 경제성장을 이뤘다. 일본의 원전 건립계획은 바로 이 시기에 입안되어 주요 국가정책으로 추진된다.

1945년 이전 제국주의 열강의 자격조건이 식민지 획득이었다면, 주지하다시피 1945년 이후 세계 강대국의 자격조건은 핵무기 보유였다. 2차대전 승전국들이 앞다투어 핵무기 개발에 나서는 동안 패전국이란 이유로 무장해제 당했던 구 열강 일본은 '핵의 평화적 이용'이라는 구실하에 원전 건립을 추진한다. 당시 수상이던 키시는 국회에서 평화적 이용은 유사시에는 얼마든지 변경될 수 있다는 요지로 발언하는데, 이는 원전 건립 추진이 사실상 강대국 경쟁에서 뒤처지지 않으려는 의지의 발로임을 방증한다. 즉 패전 후 일본은 원전 건립을 통해 잠재적 핵무기 개발

능력을 보유하려 했고, 이를 통해 패전 전의 제국주의 열강의 지위를 회복하려 했던 것이다.

이 지독하게 맹목적이고 고루한 욕망이 19세기 후반의 부국강병 노선의 연장선상에 있음은 두말할 필요도 없다. 이 부국강병 노선은 익히 알려졌다시피 일국주의와 침략주의를 통해 아시아를 폭력적으로 침식했고, 서구에 대한 양가적이고 분열적인 태도를 통해 스스로의 정체성을 확립하는 데 이바지했다. 1945년의 파국에도 불구하고 이 일국주의, 침략주의 및 분열증은 여전히 일본사회를 규정하는 근원적 태도이자 증상이다. 2011년 3월 11일의 참사 이래 일본의 정·관·재계가 보여준 작태는 이 증상이 여전함을 똑똑히 드러내주었다. 그런 의미에서 현재 벌어지고 있는 탈원전운동은 이 뿌리깊은 근대 일본의 태도와 증상을 수정하고 치유하겠다는 의지의 발현이다. 과연 그것이 어느 정도 성과를 거둘지는 알 수 없다. 하지만 이 운동은 부국강병 노선과 그에 따른 심성과 이데올로기가 여전히 근대 일본을 지배하고 있음을 만천하에 드러냈고, 이에 대한 대항이 국가 관료기구나 기존 정당에 의존하는 세계관으로는 불가능함을 강하게 시사한다.

일본은 변화할까? 답은 아직 모른다. 그러나 확실한 것은 지금까지 왜 일본에서 '시민'이 부재했으며, 무엇을 어떻게 바꾸어야 하는지가 어렴풋이 구체화되고 있다는 사실이다. 그것은 세계를 바라보는 시야와 스스로의 삶을 조직하는 방식을 총체적으로 뒤바꿔야 한다는 당위를 설득력 있게 보여주고 있는 것이다.

탈원전운동과는 전혀 다른 맥락이지만, 테라시마 지쯔로오의『세계를 아는 힘』은 근대 일본의 발전 패러다임을 변경시키자는 제안을 담은 책이다. 저자는 재야의 유력한 싱크탱크형 지식인이다. 재벌 계열의 유력 상사(商社)에서 대외 전략기획 분야에 오랫동안 종사했으며, 국제정치 및 국제경제의 현장 경험을 바탕으로 대학에서 교육활동을 펼쳐온 화려한 이력의 소유자다. 그런 까닭에 그의 시선은 어디까지나 '국가' 중심이다.

사실 솔직히 고백하자면 이 책을 옮기는 일은 그다지 신나는 일이 아니었다. 이 책의 궁극적 주어가 '일본'이라는 국민국가라면, 지금까지의 작업 속에서 국민국가를 주어로 삼는 문법에 어떻게든 딴죽을 걸어보려 했던 옮긴이로서는 불편한 작업이었던 것이다. 그러나 그런 '태생적' 한계에도 불구하고 이 책은 메이지유신 이래 일본을 지배해온 발전 패러다임에 대한 비판을 담고 있다. 그 비판은 이데올로기적이거나 이론적인 입장에서가 아니라 몇십년 현장에서 발로 뛴 경험에서 비롯된다. 그런 점에서, 불편한 작업이었던 동시에 매우 신선한 경험이기도 했다. 주로 '먹물'의 책만 접해온 옮긴이로서는 말이다.

이런 저자의 현장 감각은 현재 연세대 국학연구원에서 전개하고 있는 사회인문학이라는 창의적 과제와도 통한다. 사회인문학은 인문학의 사회성을 복원하고 사회를 인문정신에 기초하여 개혁하려는 이중적 성찰의 과제를 떠안고 있다. 그래서 이 연구 어젠다는 새로운 학문 분과라기보다는 세상을 바라보는 하나의 새로운 지적 태도를 가꾸어나가는 프로젝트다. 저자가 말하는, 세계를 바라보는 새로운 눈은 이러한 사회인문학적 태도와 궤를 같이하는 것이라 할 수 있다. 물론 단기적 지향성은 다를 수 있지만, 어디까지나 현장에 주목해 기존 지식의 틀을 갱생하는 일, 또한 그것을 통해 공동체가 걸어온 길을 되돌아보고 미래를 준비하는 일을 지식의 과제로 제시한다는 점에서 저자의 기본 안목은 사회인문학의 장기 과제와 일치한다.

그렇다면 저자가 주장하는 패러다임 전환이란 무엇인가? 바로 일국주의를 넘어 네트워크형으로 세계를 상상하는 시야의 확보다. 앞서 말했듯이 메이지유신 이래 일본은 스스로를 타동사의 주어로 삼아 주변을 모두 목적어로 취급했다. 이 문법상 일본과 주변 지역, 국가, 사람들, 자본 등은 모두 개별적인 단위가 된다. 그 사이에는 타동사적 관계가 지배한다. 일본이 무엇을 취득하고 타국은 빼앗기는 구도였던 셈이다. 물론 일본만이 아니다. 주어의 자리에 오는 국민국가들은 모두 능동태나 수동태 하에서 뺏고 빼앗기는 약육강식 세계 속의 행위자들이기 때문이다.

저자가 이런 국민국가 중심의 국제질서를 근원적으로 비판하는 것은 아니다. 이 책에서도 궁극적 주어는 국민국가 일본이기 때문이다. 그러나 적어도 저자는 타동사적 관계를 국제관계의 유일한 문법으로 채택하지는 않는다. 오히려 저자는 타동사적 관계까지를 포함한 커다란 산문적 세계상을 제시한다. 화교 중화권에서 '유니언잭의 화살'을 거쳐 유대인 네트워크에까지 이르는 세계 자본주의에 대한 고찰, 아시아와 러시아와의 관계를 중심으로 일본의 근대화를 서술하는 역사적 상상력의 전복, 그리고 인터넷 등 정보통신 기술에서 미래의 산문적 세계상을 추출하는 시야에 이르기까지, 저자의 주장은 확실히 근대 일본의 발전 패러다임에 대한 유연한 비판으로 가득 차 있다. 그런 의미에서 제국주의와 국민국가 중심 국제질서의 수면하에서 맥맥히 인간사회를 조율해온 이 산문적 세계에 대한 상상은 이 책에서 얻어야 할 양질의 인식력이라 할 수 있다.

이 산문적 세계 속에서 한국의 자리는 어디인지를 묻는 일은 부질없다. 이 네트워크형 세계 인식 방법 속에서 국민국가는 언제나 전체 담론의 맥락에 따라 자리가 결정되기 때문이다. 그 담론의 추이를 넓고 깊은 맥락에서 추적하는 일, 그것이 저자가 말하는 '세계를 아는 힘'에 다름 아니다. 부디 그 힘이 저자가 제공하는 정보나 지식에 국한되지 않고 모두의 자유로운 상상 속에서 키워지길 기대해본다.

이 짧은 책을 옮기는 데 상당한 시간이 소요됐고 많은 분들께 폐를 끼쳤다. 책의 난해함 등의 이유가 아니라 전적으로 옮긴이의 게으름 탓이다. 창비 편집진들을 비롯하여 책 말미에 기꺼이 저자와의 대담을 전재하도록 허락해주신 백영서 교수님께 송구스럽다는 인사말을 마지막으로 덧붙인다.

2012년 11월 신촌 연구실에서

김항

세계를 아는 힘
지식의 프레임으로 보는 일본의 세계전략

초판 1쇄 발행/2012년 11월 30일

지은이/테라시마 지쯔로오
옮긴이/김항
펴낸이/강일우
책임편집/박대우
펴낸곳/(주)창비
등록/1986년 8월 5일 제85호
주소/413-120 경기도 파주시 회동길 184
전화/031-955-3333
팩시밀리/영업 031-955-3399 편집 031-955-3400
홈페이지/www.changbi.com
전자우편/human@changbi.com

한국어판 ⓒ (주)창비 2012
ISBN 978-89-364-8576-4 03300